L'Abisso della Psicologia Nera

Tecniche di Persuasione Oscura per Dominare la Mente. Esplora la Seduzione Maligna e l'Oscurità Psicologica

di

Riccardo De Luca

Sommario

Introduzione all'Abisso della Psicologia Nera

La psicologia nera rappresenta un'area oscura e controversa all'interno del vasto campo della psicologia, focalizzandosi sullo studio delle tecniche di manipolazione e persuasione utilizzate per influenzare il pensiero, il comportamento e le emozioni delle persone. Il termine "psicologia nera" deriva dalla connotazione negativa associata al suo oggetto di studio, che spesso coinvolge pratiche immorali o dannose per il benessere psicologico degli individui.

I suoi obiettivi principali sono molteplici e spesso interconnessi. Uno degli obiettivi chiave è quello di ottenere potere e controllo sugli altri attraverso l'uso sofisticato di tattiche manipolative. Questo può manifestarsi in varie forme, come il controllo delle relazioni personali, l'influenza sulle decisioni finanziarie o professionali e la manipolazione delle opinioni pubbliche.

Un altro obiettivo della psicologia nera è quello di creare dipendenza emotiva e psicologica nelle proprie vittime. Questo viene spesso realizzato attraverso l'uso di tecniche di condizionamento e ricompensa, che rinforzano comportamenti desiderati e indeboliscono l'autonomia e la resistenza delle persone bersaglio.

Inoltre, la creazione di dipendenza può essere alimentata dalla generazione di una falsa percezione di sicurezza o di gratificazione all'interno della relazione manipolativa.

Un terzo obiettivo della psicologia nera è quello di alimentare il proprio ego e la propria autostima attraverso il dominio e il controllo sugli altri. Per i manipolatori, l'abilità di manipolare e persuadere con successo rappresenta spesso una fonte di gratificazione personale e di autoaffermazione. La sensazione di potere derivante dalla capacità di influenzare le azioni e le percezioni degli altri può diventare un meccanismo di autoregolazione psicologica, alimentando un circolo vizioso di comportamenti manipolativi.

Un ulteriore fine della psicologia nera è quello di ottenere vantaggi personali a spese degli altri, senza riguardo per il loro benessere o i loro diritti. Questo può manifestarsi in varie forme, come il raggiungimento di obiettivi personali o professionali attraverso l'inganno e la manipolazione, o lo sfruttamento finanziario o emotivo delle persone vulnerabili.

In definitiva, la psicologia nera si presenta come un campo di studio complesso e controverso, che solleva importanti questioni etiche e morali riguardo all'uso e agli scopi della manipolazione psicologica. Comprendere i suoi obiettivi principali è fondamentale per riconoscere e difendersi dalle sue pratiche nefaste. Esploreremo in dettaglio le varie strategie e tecniche utilizzate nella psicologia nera, così come le modalità per proteggersi e recuperarsi dalle sue influenze dannose.

Il panorama storico della psicologia nera è intriso di una serie di eventi, teorie e personaggi che hanno contribuito a plasmare e definire questo campo di studio controverso. Sebbene non esista una data precisa per l'emergere della psicologia nera come disciplina, possiamo individuare radici antiche che risalgono all'antichità, quando filosofi e leader politici utilizzavano strategie manipolative per ottenere e mantenere il potere.

Tuttavia, il vero sviluppo della psicologia nera come area di studio distintiva si è verificato nel corso del XX secolo, in concomitanza con l'evoluzione della psicologia come disciplina scientifica. Figure chiave come Sigmund Freud e Carl Jung hanno contribuito a gettare le basi concettuali per la comprensione dei processi inconsci e delle dinamiche psicologiche sottostanti al comportamento umano, aprendo la strada alla ricerca più approfondita sui meccanismi di manipolazione e controllo.

Durante il XX secolo, periodi di instabilità politica e sociale hanno fornito terreno fertile per la diffusione della psicologia nera. Regimi autoritari, dittatori e leader carismatici hanno sfruttato le conoscenze psicologiche per manipolare le masse e consolidare il loro potere. Un esempio emblematico è rappresentato dalle tattiche di propaganda utilizzate durante il regime nazista in Germania, che hanno dimostrato il potenziale distruttivo della psicologia nera quando applicata su vasta scala.

Nel corso degli anni '50 e '60, con l'avvento dei mezzi di comunicazione di massa e l'espansione della pubblicità, la psicologia nera ha trovato nuove vie per infiltrarsi nella società. Le tecniche di persuasione e manipolazione sono diventate strumenti fondamentali per i professionisti del marketing e della pubblicità, che hanno imparato a giocare sulle emozioni e i desideri dei consumatori per promuovere i loro prodotti e idee.

Nel contesto contemporaneo, la psicologia nera continua a evolversi e ad adattarsi alle nuove tecnologie e alle dinamiche sociali. Con l'avvento di Internet e dei social media, le tattiche manipolative hanno assunto forme sempre più sofisticate, consentendo a individui e gruppi di influenzare l'opinione pubblica e manipolare le percezioni attraverso la diffusione di disinformazione e propaganda.

Il percorso storico della psicologia nera riflette un'evoluzione complessa e sfaccettata, caratterizzata da una serie di influenze culturali, politiche e scientifiche. Conoscere questo contesto storico è fondamentale per contestualizzare e apprezzare appieno le dinamiche e le implicazioni della psicologia nera nella società contemporanea.

L'importanza dell'approfondimento delle tecniche di persuasione oscura nell'era moderna è evidente considerando il sempre crescente panorama di informazioni e stimoli a cui siamo esposti quotidianamente. In un mondo iperconnesso e saturato di messaggi persuasivi, apprendere le sottili strategie utilizzate per influenzare le nostre decisioni diventa essenziale per mantenere un grado di autonomia e consapevolezza critica.

Queste tecniche oscure si infiltrano nelle nostre vite attraverso una varietà di canali, dai media di massa alla pubblicità online, fino alle interazioni personali. Ciò che le rende particolarmente efficaci è la loro capacità di agire sottotraccia, sfuggendo alla nostra consapevolezza conscia e agendo direttamente sulle nostre emozioni e istinti più profondi.

Una delle caratteristiche principali delle tecniche di persuasione oscura è la loro abilità nel manipolare le nostre percezioni e creare una falsa sensazione di scelta o controllo. Attraverso l'uso di strategie come il framing, la selezione delle informazioni e la manipolazione delle immagini, i persuasori oscuri possono influenzare il modo in cui percepiamo determinate situazioni o prodotti, spingendoci inconsciamente verso l'adozione di comportamenti desiderati.

Inoltre, esse sfruttano spesso le nostre vulnerabilità emotive e psicologiche per ottenere il consenso o l'adesione alle loro richieste. Questo può manifestarsi attraverso l'uso di messaggi che giocano sulle nostre paure, ansie o desideri più profondi, creando un forte legame emotivo che rende difficile resistere alla loro influenza.

Un'altra caratteristica cruciale è la loro capacità di adattarsi e evolversi in risposta alle mutevoli condizioni del contesto sociale e tecnologico. Con l'avvento delle piattaforme digitali e dei social media, i persuasori oscuri hanno accesso a una vasta gamma di strumenti e strategie per raggiungere e influenzare le persone in modi sempre più sofisticati e mirati.

È importante riconoscere che le tecniche di persuasione oscura possono essere utilizzate non solo per scopi commerciali o politici, ma anche per fini più sinistri, come la manipolazione delle relazioni personali o il reclutamento in sette o gruppi estremisti.

L' approfondimento di queste tecniche è fondamentale nell'era moderna, in cui siamo costantemente bombardati da messaggi e stimoli persuasivi.

L'analisi delle implicazioni etiche e morali nel comprendere e studiare la psicologia nera riveste un'importanza cruciale nel contesto della ricerca e della pratica psicologica. Sebbene lo studio della psiche umana sia intrinsecamente complesso e affascinante, è fondamentale considerare le implicazioni etiche di tale indagine, specialmente quando si tratta di aree come la psicologia nera, che coinvolgono pratiche manipolative e potenzialmente dannose.

Una delle principali questioni etiche associate alla psicologia nera è quella della responsabilità professionale e della tutela del benessere dei clienti o delle persone coinvolte nella ricerca. Gli psicologi e i ricercatori devono essere consapevoli del potenziale impatto negativo delle loro azioni sulla salute mentale e il benessere delle persone coinvolte, e devono adottare misure appropriate per minimizzare i rischi e proteggere i soggetti coinvolti.

Utilizzare tattiche manipolative per influenzare il comportamento o le decisioni delle persone senza il loro consenso informato solleva importanti questioni riguardo alla dignità e alla libertà umana. Questo solleva anche domande sull'equilibrio tra il diritto di autodeterminazione individuale e la responsabilità sociale di proteggere gli individui da danni potenziali.

Un'altra considerazione etica cruciale è quella della trasparenza e dell'onestà nella pratica psicologica. Gli psicologi e i praticanti della psicologia devono essere trasparenti riguardo alle loro intenzioni e agli scopi delle loro azioni, evitando di ingannare o manipolare le persone per ottenere il loro consenso o partecipazione. Questo richiede un impegno verso la verità e l'integrità professionale in tutte le interazioni con i clienti o i partecipanti alla ricerca.

Bisogna considerare le implicazioni sociali della psicologia nera e il suo impatto sulla coesione sociale e sul funzionamento della società. Pratiche manipolative e coercitive possono minare la fiducia e la solidarietà tra gli individui, alimentando la diffidenza e il sospetto reciproco. Questo può avere conseguenze negative sulla coesione sociale e sulla stabilità della comunità nel suo complesso.

È essenziale considerare le implicazioni legali della psicologia nera e le leggi e le normative che regolano la pratica psicologica e la ricerca. Gli psicologi devono rispettare i codici etici professionali e le leggi nazionali e internazionali che disciplinano la loro professione, garantendo il rispetto dei diritti e della dignità delle persone coinvolte nelle loro attività.

L'analisi delle implicazioni etiche e morali nel comprendere e studiare la psicologia nera è fondamentale per garantire la responsabilità e l'integrità nella pratica psicologica e nella ricerca.

L'obiettivo principale del libro è quello di fornire al lettore una prospettiva unica sui meccanismi della mente umana e su come possono essere sfruttati in modo nefasto attraverso la psicologia nera. Inoltre, si propone di offrire non solo una mera esposizione delle tattiche di manipolazione, ma anche una guida pratica su come riconoscerle e difendersi da esse.

Attraverso una narrazione avvincente e approfondita, il libro esplorerà le intricanti strategie di persuasione oscura, rivelando i trucchi e le tattiche utilizzate dai manipolatori per ottenere potere e controllo sulle menti degli altri. Saranno analizzati studi di ricerca per illustrare concretamente come queste tecniche operano nella vita di tutti i giorni e quali possono essere le loro conseguenze a lungo termine sul benessere psicologico delle persone coinvolte.

Inoltre, il libro esamina in dettaglio il fenomeno della seduzione maligna, esplorando le dinamiche relazionali che sottendono a questo tipo di manipolazione e le strategie per proteggersi dalle sue insidie. Attraverso esempi concreti e analisi approfondite, il lettore acquisirà una comprensione chiara dei segnali d'allarme e delle contromosse da adottare per evitare di cadere nella trappola della seduzione maligna.

Un altro obiettivo chiave è quello di esplorare l'oscurità psicologica e i disturbi mentali che possono essere associati alla psicologia nera, come la psicopatia e la sociopatia. Saranno analizzati i tratti caratteristici di questi disturbi, così come i modi in cui possono manifestarsi nel comportamento manipolativo e dannoso delle persone affette. Inoltre, saranno esaminate le modalità per riconoscere e affrontare queste situazioni in modo efficace, sia a livello individuale che sociale.

Il libro si propone di offrire al lettore una serie di consigli pratici su come difendersi dalle manipolazioni psicologiche e preservare la propria integrità emotiva e psicologica. Saranno fornite strategie e tecniche per sviluppare una maggiore consapevolezza delle proprie vulnerabilità e dei segnali d'allarme, così come suggerimenti su come gestire le relazioni tossiche e proteggere sé stessi e i propri cari dalle influenze negative.

In conclusione, "L'Abisso della Psicologia Nera" si propone di essere non solo un'indagine approfondita sulle tecniche di manipolazione psicologica, ma anche una guida pratica per riconoscerle e difendersi da esse. Attraverso un approccio basato sull'evidenza e arricchito da casi concreti e consigli utili, il libro offre al lettore gli strumenti necessari per navigare il complesso mondo della psicologia nera e preservare la propria libertà e autodeterminazione. Nelle pagine seguenti, il lettore sarà condotto in un viaggio di scoperta e crescita personale, aprendo gli occhi su un'oscurità psicologica che è sempre più presente nella nostra società moderna.

Radici e Fondamenta della Manipolazione Psicologica

Le origini della manipolazione psicologica risalgono alle prime interazioni umane e alla necessità di influenzare il comportamento degli altri per sopravvivere e prosperare. Nel corso della storia umana, individui e gruppi hanno utilizzato una vasta gamma di strategie manipolative per ottenere ciò che desideravano, che si trattasse di risorse materiali, potere politico o semplicemente l'approvazione sociale.

Le prime forme di manipolazione psicologica possono essere individuate nelle dinamiche interpersonali delle prime società umane. L'abilità di convincere, persuadere o manipolare gli altri è stata spesso determinante per il successo individuale e il prestigio sociale, e coloro che possedevano queste capacità erano spesso considerati leader o influenti membri della comunità. Le tecniche di manipolazione psicologica includevano il linguaggio persuasivo, il controllo delle risorse e delle informazioni, nonché la manipolazione delle emozioni e delle relazioni interpersonali.

Con l'avanzare della civiltà e lo sviluppo delle società complesse, la manipolazione psicologica è diventata sempre più sofisticata e istituzionalizzata. Nei regimi politici antichi, ad esempio, i leader e i governanti spesso impiegavano consulenti e consiglieri specializzati nella manipolazione delle masse e nel mantenimento del potere attraverso la propaganda e la coercizione. Le tecniche di manipolazione psicologica erano utilizzate anche nelle relazioni personali e familiari, dove la coercizione emotiva e il controllo comportamentale potevano essere usati per mantenere l'ordine sociale e la stabilità.

Nel corso dei secoli, la manipolazione psicologica è stata oggetto di studio e interesse per filosofi, teologi, psicologi e sociologi, che hanno cercato di comprendere le sue radici, i suoi meccanismi e le sue implicazioni per la società e l'individuo. Figure come Niccolò Machiavelli hanno analizzato la manipolazione politica e il potere del debole contro il forte, mentre pensatori come Friedrich Nietzsche hanno esaminato la manipolazione delle credenze e dei valori morali nella società moderna.

Con l'avvento della psicologia scientifica nel XIX e XX secolo, la manipolazione psicologica è stata oggetto di studio sistematico e ricerca empirica. Psicologi come B.F. Skinner e Ivan Pavlov hanno esplorato i meccanismi dell'apprendimento e del condizionamento che stanno alla base della manipolazione comportamentale, mentre figure come Sigmund Freud e Carl Jung hanno indagato i processi inconsci e le dinamiche psicologiche che influenzano il comportamento umano.

Le origini della manipolazione psicologica risalgono alle prime interazioni umane e alla necessità di influenzare il comportamento degli altri per sopravvivere e prosperare. Nel corso della storia umana, questa pratica è diventata sempre più sofisticata e istituzionalizzata, influenzando molteplici aspetti della vita sociale, politica ed economica. Comprendere le sue origini e le sue dinamiche è fondamentale per affrontare le sfide della manipolazione psicologica nella società moderna e promuovere una maggiore consapevolezza e resilienza individuale e collettiva.

Le tattiche manipolative sono intrinsecamente connesse alla psicologia umana e al modo in cui percepiamo, elaboriamo e rispondiamo agli stimoli esterni. Una delle principali strategie utilizzate nella manipolazione psicologica è il framing, che consiste nel presentare le informazioni in modo tale da influenzare la percezione delle persone su un determinato argomento o situazione. Questo può avvenire attraverso la scelta selettiva di parole, immagini o prospettive che favoriscono una particolare interpretazione degli eventi o dei fatti.

Un'altra tattica comune è la manipolazione delle emozioni, che mira a sfruttare le nostre reazioni emotive per ottenere un determinato risultato. Questo può includere l'uso di tecniche di narrazione emotiva, il ricorso a simboli o immagini evocative, o la creazione di situazioni che inducono ansia, paura o desiderio. Le emozioni giocano un ruolo fondamentale nel processo decisionale umano, e i manipolatori abili sanno come sfruttare questa vulnerabilità per ottenere ciò che vogliono.

La manipolazione della realtà è un'altra tattica utilizzata dai manipolatori per distorcere la percezione della verità e convincere gli altri a credere a una determinata versione degli eventi. Questo può avvenire attraverso la manipolazione delle prove o delle testimonianze, la creazione di narrazioni alternative o la diffusione di disinformazione e fake news. Nel contesto digitale contemporaneo, la manipolazione della realtà può essere particolarmente insidiosa, poiché le informazioni false possono diffondersi rapidamente e raggiungere un vasto pubblico.

I manipolatori possono sfruttare la nostra tendenza all'obbedienza e alla conformità sociale per ottenere il nostro consenso o adesione alle loro richieste. Questo può avvenire attraverso la pressione dei pari, l'autorità o la manipolazione delle norme sociali. La psicologia sociale ha dimostrato che tendiamo ad adeguare il nostro comportamento e le nostre opinioni a quelli degli altri, specialmente in situazioni di incertezza o ambiguità, e i manipolatori abili sfruttano questa dinamica per ottenere il nostro appoggio.

Un'altra tattica comune nella manipolazione psicologica è l'uso di ricompense e punizioni per influenzare il comportamento degli altri. Questo può avvenire attraverso l'offerta di incentivi o benefici per il rispetto delle richieste del manipolatore, o attraverso minacce o coercizione per punire la disobbedienza o il rifiuto. La manipolazione attraverso ricompense e punizioni si basa sul principio del rinforzo operante, secondo il quale il comportamento che è seguito da conseguenze positive è più probabile che si ripeta, mentre il comportamento che è seguito da conseguenze negative è meno probabile che si ripeta.

Le tattiche manipolative sono una componente fondamentale della psicologia umana e del comportamento sociale.

La manipolazione psicologica può manifestarsi in una vasta gamma di contesti e relazioni, dall'ambiente lavorativo alla sfera familiare, dalle relazioni romantiche alla politica. Un contesto particolarmente fertile per la manipolazione psicologica è rappresentato dalle dinamiche relazionali abusive, in cui un individuo cerca di ottenere potere e controllo attraverso l'uso coercitivo del potere e la manipolazione emotiva degli altri.

Nelle relazioni abusive, il manipolatore può utilizzare una serie di tattiche manipolative per ottenere e mantenere il controllo sulla vittima. Queste tattiche possono includere la minimizzazione o negazione degli abusi, il controllo delle risorse finanziarie o sociali della vittima, l'isolamento sociale e la manipolazione delle emozioni attraverso minacce, ricatti o violenza fisica o verbale. Il manipolatore può anche cercare di indebolire la vittima attraverso l'umiliazione, la denigrazione e l'invalidazione delle sue esperienze e sentimenti.

Un altro contesto in cui la manipolazione psicologica è diffusa è rappresentato dalla sfera politica, dove i politici e i leader possono utilizzare una serie di tattiche manipolative per ottenere il consenso e il sostegno dei cittadini. Queste tattiche possono includere la manipolazione delle emozioni attraverso la retorica emotiva, la diffusione di disinformazione e propaganda, e la creazione di narrazioni che polarizzano l'opinione pubblica e alimentano la divisione e il conflitto. Inoltre, i politici possono utilizzare tattiche manipolative per sfruttare le vulnerabilità e le paure dei cittadini e manipolare il processo decisionale democratico a loro vantaggio.

Anche nell'ambito lavorativo, la manipolazione psicologica può essere diffusa, con manager o colleghi che cercano di ottenere il controllo e l'adesione degli altri attraverso tattiche coercitive o manipolative. Queste tattiche possono includere il sabotaggio del lavoro altrui, il prendere il merito per il lavoro degli altri, o l'uso di minacce o ricatti per ottenere la conformità.

Inoltre, la cultura aziendale può favorire la manipolazione psicologica attraverso la promozione di valori come la competizione e il successo a tutti i costi, che possono incentivare comportamenti manipolativi e dannosi.

La manipolazione psicologica può essere presente anche nelle relazioni interpersonali più intime, come quelle familiari o romantiche. In questi contesti, i partner possono utilizzare una serie di tattiche manipolative per ottenere il controllo sull'altro, inclusi la manipolazione delle emozioni, la coercizione emotiva e l'uso di minacce o violenza. La manipolazione psicologica nelle relazioni romantiche può avere gravi conseguenze per la salute mentale e il benessere delle persone coinvolte, e può essere particolarmente difficile da riconoscere e affrontare a causa della natura intima e personale di queste relazioni.

La manipolazione psicologica può manifestarsi in una vasta gamma di contesti e relazioni, con gravi conseguenze per la salute mentale e il benessere delle persone coinvolte.

Essa può manifestarsi anche nell'ambiente digitale. Con l'avvento della tecnologia e dei social media, la manipolazione psicologica online è diventata sempre più diffusa e sofisticata. I tratti distintivi di questa forma di manipolazione includono la diffusione di disinformazione, la manipolazione delle emozioni e l'uso di algoritmi per influenzare il comportamento degli utenti.

Una delle forme più comuni di manipolazione psicologica online è la diffusione di disinformazione e fake news. Attraverso la creazione e la diffusione di contenuti falsi o distorti, i manipolatori possono influenzare l'opinione pubblica e plasmare le percezioni su determinati argomenti o individui. Questo può avere gravi conseguenze sul processo decisionale degli individui e sulla coesione sociale, alimentando la polarizzazione e la divisione.

La manipolazione psicologica online può avvenire attraverso il controllo delle emozioni degli utenti. I social media e altre piattaforme digitali sono stati progettati per massimizzare l'interazione e l'engagement degli utenti, e i manipolatori possono sfruttare questo per influenzare le emozioni e il comportamento degli utenti. Questo può avvenire attraverso la diffusione di contenuti emotivamente carichi, come video di animali o bambini in difficoltà, che suscitano empatia e solidarietà e spingono gli utenti a condividere il contenuto o ad agire in determinati modi.

Un altro modo in cui avviene questo tipo di manipolazione è attraverso l'uso di algoritmi per personalizzare e ottimizzare i contenuti visualizzati dagli utenti. Le piattaforme digitali utilizzano algoritmi complessi per analizzare i dati degli utenti e prevedere i loro comportamenti e preferenze. I manipolatori possono sfruttare questi algoritmi per influenzare il contenuto visualizzato agli utenti e guidarli verso determinati siti web, prodotti o idee. Questo può avere conseguenze significative sulla libertà di pensiero e di scelta degli utenti, limitando la loro esposizione a prospettive diverse e contribuendo alla creazione di "bolla informativa".

La manipolazione psicologica online può manifestarsi attraverso l'uso di tecniche di ingegneria sociale per ottenere informazioni sensibili o manipolare il comportamento degli utenti. Questo può avvenire attraverso la creazione di profili falsi o la manipolazione delle relazioni online per ottenere la fiducia degli utenti e accedere alle loro informazioni personali. I manipolatori possono anche utilizzare tattiche di persuasione sottotraccia per indurre gli utenti a compiere determinate azioni, come cliccare su link dannosi o condividere informazioni sensibili.

Questa tecnica manipolativa è diventata una sfida sempre più rilevante nell'era digitale, con gravi conseguenze per la libertà e l'autonomia degli individui.

Il fenomeno della manipolazione psicologica si estende anche al mondo del marketing e della pubblicità, dove le aziende utilizzano una serie di strategie per influenzare le scelte e i comportamenti dei consumatori. Queste strategie si basano sulla comprensione dei processi decisionali umani e sulla capacità di sfruttare le nostre vulnerabilità e i nostri desideri per promuovere i loro prodotti o servizi.

Una delle principali strategie utilizzate nel marketing manipolativo è quella della persuasione subliminale, che mira a influenzare il comportamento degli individui attraverso segnali o stimoli che vengono presentati al di sotto del livello di coscienza. Questi stimoli possono includere immagini, suoni o parole che attivano associazioni emotive o desideri inconsci e influenzano le nostre decisioni senza che ne siamo consapevoli. Ad esempio, un'azienda potrebbe utilizzare immagini suggestive o suoni rilassanti nelle sue pubblicità per suscitare emozioni positive e associarle al proprio marchio o prodotto.

Un'altra strategia comune nel marketing manipolativo è quella della creazione di bisogni artificiali, che mira a convincere i consumatori che hanno bisogno di determinati prodotti o servizi anche se non ne hanno realmente bisogno. Questo può avvenire attraverso la creazione di problemi o preoccupazioni inesistenti e la promozione di soluzioni che soddisfano questi "bisogni" artificiali. Ad esempio, un'azienda di cosmetici potrebbe promuovere l'idea che le rughe o i segni dell'invecchiamento siano un problema grave e offrire prodotti che promettono di risolverli, anche se non esiste una reale necessità di trattarli.

Inoltre, le aziende possono utilizzare la manipolazione delle emozioni per promuovere i loro prodotti o servizi, sfruttando il potere delle emozioni nel processo decisionale dei consumatori. Questo può avvenire attraverso l'uso di storytelling emotivo nelle pubblicità, che mira a suscitare emozioni intense come gioia, tristezza o paura per creare un legame emotivo con il marchio o il prodotto. Ad esempio, una pubblicità per un'automobile potrebbe raccontare una storia commovente di una famiglia che trascorre momenti felici insieme grazie al loro nuovo veicolo, suscitando empatia e simpatia nel pubblico.

Un'altra strategia utilizzata nel marketing manipolativo è quella della manipolazione delle prove sociali, che sfrutta il desiderio umano di conformarsi al comportamento degli altri per promuovere i prodotti o i servizi. Questo può avvenire attraverso l'uso di testimonianze o recensioni fittizie che promuovono le qualità positive del prodotto o servizio e suggeriscono che molti altri lo hanno già acquistato o utilizzato con successo. Ad esempio, un sito di e-commerce potrebbe mostrare recensioni entusiastiche e valutazioni positive per un prodotto, incoraggiando altri consumatori a seguirne l'esempio e acquistarlo.

Le aziende possono utilizzare la manipolazione dell'ambiente per influenzare il comportamento dei consumatori, creando ambienti fisici o digitali che favoriscono l'acquisto impulsivo o irrazionale. Ad esempio, un negozio fisico potrebbe utilizzare disposizioni di prodotti o illuminazione ad hoc per attirare l'attenzione dei clienti su determinati articoli o promozioni, mentre un sito web di e-commerce potrebbe utilizzare strategie di progettazione dell'interfaccia utente per guidare i consumatori verso determinate pagine o prodotti.

Il marketing manipolativo è una pratica diffusa nell'industria commerciale, che sfrutta una serie di strategie per influenzare le scelte e i comportamenti dei consumatori.

Tecniche di Persuasione Oscura

Nell'approfondimento del tema della psicologia nera, è cruciale esaminare le tecniche di persuasione oscura utilizzate per manipolare le menti e influenzare i comportamenti. Una delle tecniche più potenti e subdole è la manipolazione delle emozioni, che mira a sfruttare le vulnerabilità emotive delle persone per ottenere il loro consenso o adesione a determinate idee o comportamenti.

La manipolazione delle emozioni può assumere molte forme e manifestarsi in diversi contesti della vita quotidiana. Ad esempio, un manipolatore potrebbe sfruttare la paura per ottenere il controllo sugli altri, inducendo un senso di minaccia o pericolo che porta le persone a agire conformemente alle sue richieste. Questo può avvenire attraverso minacce esplicite o impliciti, intimidazioni o ricatti emotivi che costringono la vittima a piegarsi alla volontà del manipolatore per evitare conseguenze negative.

Allo stesso modo, questa tecnica può sfruttare il desiderio di appartenenza e accettazione sociale delle persone per ottenere il loro consenso o adesione a determinate idee o comportamenti. Questo può avvenire attraverso l'uso di tecniche di peer pressure o di approvazione sociale, dove il manipolatore utilizza il supporto o l'approvazione degli altri per persuadere la vittima a seguire il suo esempio o adottare determinati comportamenti. Un manipolatore potrebbe cercare di influenzare il comportamento di qualcuno suggerendo che tutti gli altri stanno già agendo in un certo modo, inducendo la vittima a conformarsi per non sentirsi esclusa o emarginata.

La manipolazione delle emozioni può sfruttare il desiderio di gratificazione e piacere delle persone per ottenere il loro consenso o adesione a determinate idee o comportamenti. Questo può avvenire attraverso la promessa di ricompense o benefici che inducono la vittima a seguire il volere del manipolatore per ottenere ciò che desidera. Costui potrebbe utilizzare l'attrazione del successo, del potere o della ricchezza per convincere la vittima a compiere azioni che altrimenti non farebbe, offrendo in cambio promesse di gratificazione o soddisfazione personale.

Essa può sfruttare il senso di colpa o vergogna delle persone per ottenere il loro consenso o adesione a determinate idee o comportamenti. Questo può avvenire attraverso la manipolazione delle credenze o dei valori personali della vittima, inducendola a credere di essere responsabile di situazioni negative o dannose e spingendola a compiere azioni per compensare o redimere i suoi presunti errori. Ad esempio, un manipolatore potrebbe sfruttare il senso di colpa di qualcuno per ottenere il suo sostegno o adesione a una causa o un'azione che altrimenti non accetterebbe, facendogli credere che è la sua unica via per riparare al danno causato.

La manipolazione delle emozioni è una delle tecniche più potenti e subdole utilizzate nella psicologia nera per ottenere il controllo sugli altri e influenzare i loro comportamenti.

L'utilizzo della manipolazione verbale è una delle tattiche più efficaci nel contesto della psicologia nera, poiché consente al manipolatore di influenzare sottilmente le decisioni e il comportamento degli altri attraverso il linguaggio e la comunicazione. Una delle tecniche più comuni di manipolazione verbale è quella della distorsione della realtà, che consiste nell'utilizzo di parole o concetti ambigui o fuorvianti per alterare la percezione della realtà della vittima e indurla a compiere determinate azioni o adottare determinate credenze. Ad esempio, un manipolatore potrebbe utilizzare termini vaghi o astratti per descrivere una situazione o un evento in modo da suscitare una determinata reazione emotiva nella vittima o farle credere a una determinata narrazione che favorisce i suoi interessi.

La manipolazione verbale può manifestarsi attraverso l'uso di tecniche di gaslighting, che mirano a far dubitare della propria percezione della realtà e della propria sanità mentale. Questo può avvenire attraverso l'utilizzo di negazioni o minimizzazioni delle esperienze della vittima, la manipolazione delle prove o la distorsione dei fatti per farle credere che le sue percezioni siano sbagliate o irrazionali. Il gaslighting può avere gravi conseguenze sulla salute mentale e il benessere della vittima, facendole dubitare di sé stessa e delle proprie capacità di giudizio.

La manipolazione verbale può manifestarsi attraverso l'uso di tecniche di persuasione subliminale, che mirano a influenzare il comportamento della vittima attraverso messaggi o suggerimenti nascosti nel linguaggio o nella comunicazione non verbale. Un manipolatore potrebbe utilizzare toni di voce persuasivi o suggerire idee o comportamenti attraverso l'uso di parole o frasi che attivano associazioni emotive o desideri inconsci nella vittima, inducendola a seguire il suo volere senza rendersene conto.

Questo tipo di manipolazione può manifestarsi attraverso l'uso di tecniche di intimidazione o coercizione, che mirano a ottenere il consenso o l'adesione della vittima attraverso minacce o ricatti verbali. Questo può avvenire attraverso l'uso di toni di voce autoritari o aggressivi, l'utilizzo di insulti o denigrazioni per mettere in imbarazzo o umiliare la vittima, o la minaccia di conseguenze negative in caso di rifiuto o disobbedienza. Queste tecniche possono creare un clima di paura e sottomissione che rende la vittima più suscettibile alla manipolazione e al controllo del manipolatore.

Essa può manifestarsi attraverso l'uso di tecniche di lusinga o adulazione, che mirano a conquistare la fiducia e l'adesione della vittima attraverso complimenti e parole dolci. Questo può avvenire attraverso l'uso di parole o frasi che esaltano le qualità o i meriti della vittima, o l'offerta di elogi e riconoscimenti per incoraggiarla a seguire il volere del manipolatore. Queste tecniche possono creare dipendenza emotiva e rendere la vittima più incline a concedere al manipolatore ciò che vuole.

L'utilizzo della manipolazione verbale è una delle tattiche più potenti e subdole utilizzate nella psicologia nera per influenzare le decisioni e il comportamento degli altri.

Nel contesto della psicologia nera, l'utilizzo di tecniche di manipolazione non verbale è altrettanto significativo quanto l'uso delle parole. La comunicazione non verbale, che comprende gesti, espressioni facciali, postura e tono della voce, gioca un ruolo fondamentale nella trasmissione di messaggi e nell'influenzare il comportamento degli altri. Questo tipo di manipolazione si basa sull'idea che le azioni e i segnali non verbali possono essere altrettanto potenti e persuasivi delle parole stesse.

Una delle tecniche di manipolazione non verbale più comuni è l'uso dell'imitazione e della mimica. Un manipolatore abile può utilizzare la mimica e il linguaggio del corpo per imitare il comportamento e le espressioni della vittima, creando un senso di familiarità e connessione che la rende più suscettibile alla sua influenza. Questo può avvenire attraverso il sincronizzare i movimenti del corpo o il replicare le espressioni facciali della vittima, inducendola a sentirsi compresa e accettata e quindi più incline a seguire il volere del manipolatore. Il contatto fisico è un'altra forma di manipolazione non verbale che può essere utilizzata per influenzare il comportamento degli altri. Un tocco gentile può trasmettere calore e affetto, mentre gesti più invasivi possono suggerire controllo e dominio sulla vittima. Questa forma di manipolazione può essere estremamente efficace nel creare legami emotivi e manipolare le decisioni della vittima.

La postura, il tono di voce e lo sguardo sono strumenti potenti per comunicare autorità e potere. Un manipolatore abile può utilizzare questi elementi per trasmettere sicurezza e determinazione, inducendo la vittima a piegarsi alla sua volontà. Questa forma di manipolazione può essere particolarmente efficace nelle situazioni in cui il manipolatore cerca di esercitare controllo su un individuo o un gruppo.

La manipolazione non verbale può avvenire attraverso il disimpegno e la distrazione. Un manipolatore può utilizzare la sua capacità di deviare l'attenzione della vittima su altri argomenti o questioni per influenzare le sue decisioni e il suo comportamento. Questa tecnica è spesso utilizzata per distogliere l'attenzione dalla vera intenzione del manipolatore e renderlo più difficile da individuare.

Possiamo, quindi, affermare che questa è una delle tattiche più potenti e subdole utilizzate nella psicologia nera per influenzare le decisioni e il comportamento degli altri.

Nel mondo della psicologia nera, l'analisi dei meccanismi di controllo mentale attraverso la persuasione oscura rivela un intricato sistema di manipolazione psicologica finalizzato a ottenere il controllo completo o parziale delle menti degli individui. Questa forma di persuasione si basa su principi psicologici complessi e sfrutta le vulnerabilità cognitive e emotive delle persone per influenzarle in modo subdolo e a volte impercettibile.

Una delle strategie principali utilizzate nel controllo mentale attraverso la persuasione oscura è la creazione di un ambiente di condizionamento psicologico, in cui gli individui vengono esposti a stimoli e messaggi progettati per influenzare il loro pensiero e il loro comportamento in modo graduale e impercettibile. Questo può avvenire attraverso la ripetizione costante di determinati concetti o idee, la manipolazione delle informazioni disponibili o la creazione di una narrazione coerente che giustifica e supporta le richieste del manipolatore.

La persuasione oscura può avvenire attraverso l'uso di tecniche di manipolazione emotiva, che mirano a suscitare specifiche emozioni nelle persone al fine di influenzarne il comportamento. In questo caso, il manipolatore potrebbe sfruttare la paura, l'ansia o il senso di colpa per indurre la vittima a compiere determinate azioni o adottare determinate credenze che servono i suoi interessi. Questo può avvenire attraverso la creazione di situazioni stressanti o minacciose, la manipolazione delle relazioni interpersonali o l'uso di tecniche di persuasione subliminale che agiscono sulle emozioni inconsce delle persone.

Questa tecnica di manipolazione può avvenire attraverso l'uso di tecniche di condizionamento comportamentale, che mirano a modificare il comportamento delle persone attraverso ricompense e punizioni. Il manipolatore potrebbe utilizzare rinforzi positivi o negativi per indurre la vittima a seguire il suo volere, premiandola per il comportamento desiderato o punendola per quello indesiderato. Questo può creare un ciclo di comportamento condizionato che rende la vittima sempre più dipendente e sottomessa al controllo del manipolatore.

La persuasione oscura può avvenire attraverso l'uso di tecniche di manipolazione cognitiva, che mirano a influenzare il pensiero delle persone attraverso la distorsione della realtà o la manipolazione delle loro credenze e percezioni. Ad esempio, un manipolatore potrebbe utilizzare la disinformazione o la propaganda per alterare la percezione della vittima sulla situazione o sulle persone coinvolte, inducendola a credere a una narrazione falsa o distorta che supporta i suoi interessi. Questo può rendere la vittima più suscettibile alla manipolazione e al controllo del manipolatore, che può sfruttare questa distorsione della realtà per ottenere ciò che vuole.

L' analisi dei meccanismi di controllo mentale attraverso la persuasione oscura rivela una serie di strategie complesse e subdole utilizzate nella psicologia nera per influenzare il pensiero e il comportamento delle persone.

Le strategie per riconoscere e difendersi dalle tecniche di persuasione oscura sono essenziali per preservare la propria autonomia e proteggere la propria mente dagli inganni manipolativi. Comprendere come funzionano queste tecniche e sviluppare una consapevolezza critica delle influenze esterne può aiutare a individuare e contrastare gli sforzi per manipolare le nostre decisioni e il nostro comportamento.

Una delle strategie fondamentali per difendersi dalle tattiche di persuasione è l'educazione e la consapevolezza. Imparare come funzionano le tecniche di manipolazione psicologica e i meccanismi utilizzati dai manipolatori per influenzare le persone è il primo passo per riconoscerle quando vengono utilizzate contro di noi. Leggere libri, seguire corsi e informarsi su questa tematica può fornire una base solida per sviluppare una consapevolezza critica delle influenze esterne e proteggere la propria mente dagli inganni manipolativi.

Inoltre, è importante sviluppare una sana autostima e fiducia in sé stessi come mezzo di difesa contro la manipolazione psicologica. Le persone con una forte autostima e una sana fiducia in sé stesse sono meno suscettibili alla persuasione oscura perché hanno una maggiore consapevolezza dei propri valori, desideri e limiti e sono meno inclini a essere influenzati dagli altri. Lavorare su quest'aspetto può quindi essere un'ottima strategia preventiva contro la manipolazione.

Inoltre, è fondamentale sviluppare un pensiero critico e analitico per valutare in modo razionale le informazioni e le richieste che ci vengono presentate. Domandarsi sempre il motivo dietro un certo messaggio o richiesta, esaminare le prove e le fonti delle informazioni e valutare attentamente le conseguenze delle nostre azioni possono aiutarci a individuare e respingere la persuasione oscura. Inoltre, essere consapevoli dei nostri pregiudizi e delle nostre debolezze cognitive può aiutarci a proteggerci da tentativi di manipolazione che sfruttano queste vulnerabilità.

Bisogna mantenere una certa distanza emotiva dalle situazioni e dalle persone che cercano di manipolarci. Mantenere una prospettiva obiettiva e rimanere lucidi di fronte alle pressioni esterne può aiutarci a prendere decisioni più razionali e consapevoli, riducendo la nostra vulnerabilità alla persuasione oscura. Questo può significare prendersi del tempo per riflettere sulle proprie decisioni, consultare persone di fiducia o professionisti qualificati e rifiutarsi di subire pressioni o coercizioni da parte degli altri.

È importante praticare l'assertività e imparare a stabilire e far rispettare i propri confini personali. Essere in grado di dire "no" in modo chiaro e deciso quando ci sentiamo manipolati o sotto pressione può aiutarci a proteggere la nostra autonomia e a respingere gli sforzi per controllare le nostre decisioni e il nostro comportamento. Imparare a difendere i nostri diritti e a comunicare in modo assertivo può aiutarci a mantenere il controllo della nostra vita e a proteggerci dagli inganni manipolativi degli altri.

Seduzione Maligna

La seduzione maligna è un fenomeno complesso e multifaccettato che si manifesta nel contesto della manipolazione psicologica, dove un individuo o un'entità utilizza tattiche di seduzione per esercitare controllo o influenzare profondamente gli altri a proprio vantaggio, spesso a discapito del benessere della vittima. Questo tipo di seduzione va oltre la semplice attrazione o il corteggiamento, toccando le profondità psicologiche dell'individuo bersaglio, sfruttando vulnerabilità emotive e psicologiche per ottenere potere o controllo.

La seduzione maligna è caratterizzata dall'uso intensivo della manipolazione emozionale. I seduttori maligni sono maestri nel leggere le emozioni altrui e nel sfruttarle per i propri fini. Utilizzano l'empatia in modo distorto, fingendo interesse e comprensione per guadagnare la fiducia e l'affetto delle loro vittime. Questa tattica non solo permette al manipolatore di sembrare in sintonia con le esigenze e i desideri della vittima, ma crea anche un legame emotivo che può essere difficile da rompere.

Attraverso l'alternanza di premi e punizioni, i seduttori maligni creano un ciclo di dipendenza nella loro vittima. Possono alternare momenti di grande affetto e attenzione con periodi di freddezza o negligenza, una tecnica conosciuta come "intermittent reinforcement" (rinforzo intermittente). Questo comportamento crea una sorta di dipendenza emotiva e psicologica, rendendo la vittima sempre più legata e dipendente dal manipolatore per il proprio equilibrio emotivo.

Un'altra caratteristica significativa della seduzione maligna è l'isolamento della vittima. Il seduttore cerca di allontanare la persona dalle sue reti di supporto tradizionali, come amici e familiari, che potrebbero aiutarla a vedere la realtà della situazione e a rompere il ciclo di manipolazione. Questo isolamento può essere realizzato seminando dubbi sulla fiducia verso gli altri o enfatizzando un "noi contro il mondo", rafforzando la dipendenza della vittima verso il manipolatore.

I seduttori maligni sono particolarmente abili nel riconoscere e sfruttare le vulnerabilità personali delle loro vittime. Questo può includere traumi passati, insicurezze, o desideri non soddisfatti. Utilizzando queste vulnerabilità, il manipolatore può adattare la sua strategia di seduzione per renderla irresistibile agli occhi della vittima, promettendo amore, sicurezza, comprensione o qualsiasi altra cosa che la vittima desideri intensamente.

La seduzione maligna può avere effetti devastanti sulle vittime. Il danno non è solo emotivo ma può estendersi a conseguenze fisiche, finanziarie e sociali. Le vittime possono sperimentare una diminuzione della stima di sé, depressione, ansia e persino sintomi di disturbo da stress post-traumatico. Il processo di guarigione da una tale manipolazione è spesso lungo e complesso, richiedendo supporto psicologico professionale e il ristabilimento di reti di supporto danneggiate.

In sintesi, questa tipologia di seduzione è un tipo sofisticato e insidioso di manipolazione che si avvale delle tecniche più oscure di persuasione per legare le vittime in una dipendenza tossica che va ben oltre la normale interazione umana.

Lo studio dei manipolatori seriali e delle loro tattiche di seduzione offre uno sguardo approfondito su individui che utilizzano abilità manipolative in modo sistematico per ottenere il controllo sugli altri. I manipolatori seriali sono spesso abili nell'individuare le vulnerabilità delle loro vittime e nel costruire una facciata di fascino e affidabilità che maschera le loro vere intenzioni. Questi individui possono operare in vari contesti, dalle relazioni personali al mondo degli affari, e le loro tattiche di seduzione sono progettate per sfruttare le debolezze umane e stabilire un potere duraturo sulle loro vittime.

Una delle prime tattiche utilizzate dai manipolatori seriali è la creazione di una connessione emotiva rapida e intensa. Spesso, questi manipolatori iniziano con una fase di "love bombing", inondando la vittima di attenzioni, lodi e affetto. Questo comportamento crea un forte legame emotivo e una sensazione di euforia nella vittima, che può essere disorientante e portarla a fidarsi del manipolatore molto rapidamente. Il love bombing è una tecnica efficace perché gioca sulle necessità emotive di essere amati e apprezzati, facendo sì che la vittima si senta speciale e desiderata.

Dopo aver stabilito una connessione emotiva, i manipolatori seriali spesso passano a una fase di isolamento. Questo non avviene sempre in modo diretto o evidente. Invece, il manipolatore può iniziare a seminare dubbi sui rapporti della vittima con amici e familiari, suggerendo che queste relazioni non sono benefiche o che gli altri non comprendono o apprezzano la vittima come fa lui. Questo processo graduale di isolamento rende la vittima più dipendente dal manipolatore per supporto emotivo e approvazione, riducendo le sue possibilità di ottenere aiuto o di vedere chiaramente la manipolazione in atto.

Un'altra tattica comune dei manipolatori seriali è l'uso di critiche sottili o sabotaggi emotivi. Dopo la fase iniziale di love bombing, il manipolatore può iniziare a introdurre critiche velate o commenti che minano l'autostima della vittima. Queste critiche sono spesso camuffate da preoccupazione o consiglio, facendo sì che la vittima dubiti di sé stessa e cerchi costantemente l'approvazione del manipolatore. Questo ciclo di critiche e approvazione crea una dinamica di potere asimmetrica, dove la vittima si sente sempre in debito o inferiore al manipolatore.

I manipolatori seriali sono anche abili nell'utilizzare la triangolazione come tattica di controllo. La triangolazione coinvolge l'introduzione di una terza persona nella dinamica relazionale per creare gelosia, competizione o insicurezza. Ad esempio, il manipolatore può parlare di altre persone in modo che la vittima si senta in competizione per la sua attenzione o affetto. Questo non solo destabilizza la vittima emotivamente ma rafforza anche il controllo del manipolatore, poiché la vittima diventa più desiderosa di dimostrare il proprio valore e ottenere l'approvazione.

I manipolatori seriali spesso utilizzano il gaslighting come una delle loro principali tattiche di seduzione e controllo. Il gaslighting è una forma di manipolazione psicologica in cui il manipolatore fa dubitare la vittima della propria percezione della realtà, memoria o sanità mentale. Questo può essere realizzato attraverso la negazione di eventi, la distorsione dei fatti o la minimizzazione delle esperienze della vittima. Il gaslighting crea confusione e incertezza nella vittima, facendola dipendere ancora di più dal manipolatore per un senso di realtà e stabilità.

Lo studio dei manipolatori seriali e delle loro tattiche di seduzione rivela un pattern di comportamento sistematico e strategico volto a esercitare controllo e potere sulle vittime. Questi manipolatori utilizzano una combinazione di love bombing, isolamento, critiche sottili, triangolazione e gaslighting per creare una dinamica di dipendenza e controllo.

Analizzare i rischi associati alla seduzione maligna è essenziale per comprendere le conseguenze dannose che questa forma di manipolazione può avere sugli individui coinvolti. La seduzione maligna non solo mina la fiducia e l'autostima delle persone coinvolte, ma può anche portare a gravi conseguenze psicologiche, emotive e fisiche a lungo termine. Comprendere questi pericoli è cruciale per riconoscere e contrastare efficacemente le tattiche manipolative.

Uno dei rischi più evidenti della seduzione maligna è la distruzione della fiducia in sé stessi. I manipolatori utilizzano tecniche come il gaslighting e le critiche sottili per far sì che la persona presa di mira dubiti costantemente delle proprie percezioni, decisioni e valore. Questo ciclo di svalutazione e approvazione intermittente crea una dipendenza emotiva dal manipolatore, poiché l'individuo cerca incessantemente la convalida esterna per sentirsi valido. Col tempo, questo può portare a una profonda insicurezza e a un senso di inadeguatezza, rendendo la persona sempre più vulnerabile alla manipolazione e al controllo.

Oltre alla perdita di autostima, la seduzione maligna può avere effetti devastanti sulla salute mentale. La costante manipolazione emotiva, le critiche e il gaslighting possono portare a disturbi mentali come depressione, ansia e disturbo da stress post-traumatico (PTSD). Le persone coinvolte possono sperimentare attacchi di panico, insonnia, difficoltà di concentrazione e una generale sensazione di impotenza. Questi sintomi possono persistere anche dopo che si è riusciti a liberarsi dalla relazione manipolativa, richiedendo spesso un lungo percorso di recupero e supporto psicologico professionale.

Le relazioni sociali sono un altro aspetto gravemente compromesso dalla seduzione maligna. I manipolatori spesso isolano coloro che prendono di mira dalle loro reti di supporto tradizionali, come amici e familiari, creando un ambiente in cui la persona dipende unicamente dal manipolatore per supporto emotivo e sociale. Questo isolamento può essere realizzato seminando dubbi e sfiducia nei confronti delle persone care, rendendo l'individuo sospettoso e alienato dai propri sistemi di supporto. Di conseguenza, la persona può trovarsi senza risorse e senza persone a cui rivolgersi, rafforzando ulteriormente il controllo del manipolatore.

Un altro rischio significativo della seduzione maligna riguarda l'aspetto finanziario. I manipolatori possono sfruttare la loro influenza per ottenere vantaggi economici, inducendo la persona a fare donazioni, investimenti o acquisti a loro beneficio. In alcuni casi, il manipolatore può assumere il controllo delle finanze, rendendo l'individuo economicamente dipendente e ulteriormente vulnerabile. Questa dipendenza finanziaria può rendere estremamente difficile allontanarsi dal manipolatore, aggravando la situazione di abuso e sfruttamento.

La seduzione maligna può anche avere conseguenze fisiche dirette. Lo stress emotivo e psicologico causato dalla manipolazione può manifestarsi attraverso sintomi fisici come mal di testa, disturbi gastrointestinali, problemi cardiaci e un sistema immunitario indebolito. Inoltre, in situazioni di manipolazione estrema, l'individuo può essere esposto a violenze fisiche, che rappresentano un rischio immediato e grave per la sua sicurezza e benessere.

Uno dei rischi più insidiosi della seduzione maligna è la difficoltà di riconoscere e accettare la manipolazione. I manipolatori sono spesso abili nel creare una facciata di normalità e amore, rendendo difficile per la persona coinvolta e per le persone esterne riconoscere l'abuso. Questo può portare l'individuo a sentirsi confuso e a dubitare della propria esperienza, ritardando la ricerca di aiuto e intervento.

In sintesi, i rischi associati alla seduzione maligna sono profondi e multifattoriali, influenzando vari aspetti della vita di chi ne è colpito. Dalla distruzione dell'autostima e della salute mentale all'isolamento sociale, ai problemi finanziari e ai rischi fisici, le conseguenze di una relazione con un manipolatore maligno sono gravi e durature. Riconoscere questi pericoli è il primo passo per proteggersi e per fornire il supporto necessario a chi cerca di liberarsi da tali dinamiche distruttive.

Gli effetti devastanti della seduzione maligna si estendono ben oltre l'ambito immediato della manipolazione, influenzando profondamente le relazioni personali e la stabilità emotiva di coloro che ne sono vittime. La seduzione maligna può compromettere seriamente la capacità di una persona di instaurare e mantenere relazioni sane e fiduciose, creando una serie di conseguenze a lungo termine che possono durare anche dopo la fine della relazione manipolativa.

Uno degli effetti più significativi della seduzione maligna sulle relazioni è l'erosione della fiducia. Quando una persona viene manipolata e ingannata in modo così profondo e sistematico, diventa estremamente difficile per lei fidarsi nuovamente degli altri. Questa perdita di fiducia può estendersi a tutte le relazioni future, incluse quelle con amici, familiari e nuovi partner. La vittima può diventare sospettosa, diffidente e iper-vigilante, sempre in guardia contro la possibilità di essere nuovamente tradita o manipolata. Questo stato di costante allerta può ostacolare la formazione di nuove relazioni autentiche e impedire alla persona di aprirsi completamente agli altri.

Inoltre, la seduzione maligna può avere un impatto negativo sull'autostima e sull'immagine di sé. Le critiche sottili, il gaslighting e le altre forme di manipolazione emotiva possono far sì che la persona inizi a dubitare del proprio valore e delle proprie capacità. Col tempo, questo può portare a una diminuzione significativa dell'autostima, rendendo difficile per la persona riconoscere i propri punti di forza e le proprie qualità positive. Questa bassa autostima può manifestarsi in una serie di comportamenti autodistruttivi, come l'auto-sabotaggio nelle relazioni o nella carriera, e può impedire alla persona di perseguire i propri obiettivi e sogni.

Un altro effetto significativo della seduzione maligna è l'impatto sulle capacità decisionali e sulla capacità di autodeterminazione. La costante manipolazione e il gaslighting possono far sì che la persona inizi a dubitare delle proprie percezioni e giudizi, rendendo difficile prendere decisioni in modo autonomo e fiducioso. Questa incapacità di fidarsi del proprio giudizio può portare a una dipendenza continua dal manipolatore o da altre figure di autorità, impedendo alla persona di vivere una vita pienamente autonoma e indipendente.

Infine, la seduzione maligna può avere un impatto devastante sulle relazioni future. Le esperienze di manipolazione e tradimento possono lasciare cicatrici emotive profonde che influenzano la capacità della persona di formare legami sani e sicuri in futuro. La paura di essere nuovamente manipolata può portare la persona a evitare relazioni intime o a costruire muri emotivi che impediscono una connessione genuina con gli altri. Questo può portare a una vita di isolamento emotivo e insoddisfazione relazionale.

Proteggersi dalla seduzione maligna e riprendersi dopo un'esperienza traumatica richiede una serie di strategie ben ponderate e un forte sostegno emotivo e psicologico. È fondamentale che le persone imparino a riconoscere i segnali di manipolazione e sviluppino le competenze necessarie per costruire una resilienza emotiva che le aiuti a evitare di cadere nuovamente vittime di queste dinamiche distruttive.

Uno dei primi passi per proteggersi dalla seduzione maligna è imparare a riconoscere i segnali di allarme. Questi segnali possono includere un comportamento eccessivamente lusinghiero o amorevole all'inizio della relazione, noto come "love bombing", che può sembrare troppo bello per essere vero. Altri segnali includono tentativi di isolare la persona dai suoi amici e familiari, critiche sottili camuffate da preoccupazione o consiglio, e la sensazione di camminare sulle uova per evitare conflitti o disapprovazione. Essere consapevoli di questi segnali può aiutare a identificare le intenzioni manipolative prima che la situazione diventi più difficile da gestire.

Oltre a riconoscere i segnali di allarme, è importante stabilire e mantenere confini sani nelle relazioni. Questo significa essere chiari su ciò che è accettabile e ciò che non lo è, e non avere paura di comunicare questi confini in modo assertivo. Le persone devono imparare a dire "no" senza sentirsi in colpa e a prendere posizione per i propri bisogni e desideri. Mantenere confini forti può aiutare a prevenire l'ingresso di manipolatori nelle proprie vite e a ridurre il rischio di diventare dipendenti emotivamente da loro.

Il supporto sociale gioca un ruolo cruciale nella protezione dalla seduzione maligna e nel recupero da essa. Avere una rete di amici e familiari fidati che possono offrire supporto emotivo e consigli può fare una grande differenza. Questi individui possono fornire una prospettiva esterna, aiutando a vedere le cose in modo più chiaro e a riconoscere comportamenti manipolativi che potrebbero passare inosservati. Partecipare a gruppi di supporto o cercare il sostegno di un terapeuta può anche essere estremamente utile, offrendo un ambiente sicuro in cui esplorare le proprie esperienze e sviluppare strategie di coping.

La guarigione dopo un'esperienza di seduzione maligna richiede tempo e pazienza. È importante che le persone coinvolte si concedano il tempo necessario per elaborare il trauma e ricostruire la propria autostima. Questo processo può includere la pratica dell'autocura, come il mantenimento di una dieta equilibrata, l'esercizio fisico regolare e il sonno adeguato, oltre a pratiche come la meditazione e la mindfulness che possono aiutare a ridurre lo stress e aumentare la consapevolezza di sé.

Un altro aspetto fondamentale del recupero è l'educazione continua. Imparare di più sulle tecniche di manipolazione e sui meccanismi della seduzione maligna può aiutare a sviluppare una maggiore consapevolezza e preparazione per affrontare situazioni future. Leggere libri, partecipare a workshop e seguire corsi sulla psicologia della manipolazione può fornire strumenti pratici e conoscenze utili per riconoscere e resistere alla manipolazione.

L'autocompassione è un elemento essenziale del processo di guarigione. Le persone devono imparare a essere gentili con se stesse e a perdonarsi per aver caduto vittime di manipolazione. Questo può essere difficile, specialmente se la manipolazione ha lasciato cicatrici profonde, ma l'autocompassione può aiutare a superare il senso di colpa e la vergogna e a iniziare il percorso verso la guarigione. Praticare l'autocompassione può includere il riconoscere i propri sforzi e progressi, anche se piccoli, e ricordare a se stessi che la guarigione è un viaggio, non una destinazione.

Coltivare l'autonomia e la fiducia in se stessi è cruciale per il recupero. Le persone devono lavorare per ricostruire la loro indipendenza emotiva e la fiducia nelle proprie capacità di giudizio e decisione. Questo può includere il fissare obiettivi personali e lavorare per raggiungerli, sviluppare nuove competenze e interessi, e cercare esperienze che rinforzino il senso di competenza e autoefficacia.

In conclusione, proteggersi dalla seduzione maligna e riprendersi dopo un'esperienza traumatica richiede consapevolezza, supporto sociale, autocompassione e un impegno verso la crescita personale. Con il tempo e il giusto supporto, è possibile guarire dalle ferite emotive e costruire una vita più sana e soddisfacente.

Esplorando l'Oscurità Psicologica

Il concetto di oscurità psicologica si riferisce a quegli aspetti della mente umana che sono associati a pensieri, emozioni e comportamenti negativi o distruttivi. Questa parte della psiche è spesso relegata nell'inconscio, ma può emergere in momenti di stress, crisi o manipolazione, influenzando profondamente il comportamento umano. L'oscurità psicologica comprende sentimenti di rabbia, invidia, paura, colpa e desideri repressi che, se non riconosciuti e gestiti, possono condurre a comportamenti dannosi per sé stessi e per gli altri.

L'oscurità psicologica ha una forte influenza sul comportamento umano poiché rappresenta una parte intrinseca della nostra natura. Ignorarla o reprimerla può portare a manifestazioni inconsce che si esprimono attraverso atti impulsivi, comportamenti autodistruttivi o relazioni tossiche. Questo lato oscuro della mente umana può essere visto come una fonte di energia che, se non canalizzata correttamente, può esplodere in modi distruttivi.

Uno degli aspetti più noti dell'oscurità psicologica è la rabbia repressa. Quando una persona non riesce a esprimere la propria rabbia in modo sano e costruttivo, questa emozione può accumularsi e manifestarsi in esplosioni di violenza o comportamenti aggressivi. La rabbia non riconosciuta può portare a un ciclo di colpa e vergogna, che a sua volta alimenta ulteriormente l'oscurità psicologica. Questo ciclo può diventare una spirale discendente, influenzando negativamente le relazioni e il benessere generale dell'individuo.

L'invidia è un altro componente dell'oscurità psicologica che può influenzare profondamente il comportamento umano. L'invidia nasce dal confronto con gli altri e dal desiderio di possedere ciò che essi hanno. Quando l'invidia non viene riconosciuta e affrontata, può trasformarsi in risentimento e ostilità verso coloro che vengono percepiti come più fortunati o di successo. Questo può portare a comportamenti sabotatori, sia verso sé stessi che verso gli altri, compromettendo la propria crescita personale e le relazioni interpersonali.

La paura è un'altra potente forza dell'oscurità psicologica. Paure irrazionali o sproporzionate possono paralizzare l'individuo, impedendogli di agire o prendere decisioni. La paura può anche essere utilizzata come strumento di manipolazione da parte di individui malintenzionati, che sfruttano questa emozione per controllare e dominare gli altri. La paura repressa può portare a comportamenti evitanti o fobici, limitando gravemente le possibilità di crescita e sviluppo personale.

Il senso di colpa è un'altra emozione che può alimentare l'oscurità psicologica. Il senso di colpa può derivare da azioni passate, reali o percepite, e può diventare debilitante se non viene affrontato. L'individuo può diventare eccessivamente critico verso sé stesso, assumendo un atteggiamento auto-punitivo che alimenta ulteriormente l'oscurità interiore. Questo può portare a una bassa autostima e a una sensazione di indegnità, che influenzano negativamente tutte le aree della vita.

Desideri repressi rappresentano un altro aspetto dell'oscurità psicologica. Questi desideri, spesso di natura sessuale o aggressiva, vengono repressi perché considerati inaccettabili dalla società o dalla morale personale. Quando questi desideri non vengono riconosciuti e integrati nella coscienza, possono manifestarsi in comportamenti compulsivi o distruttivi. La repressione di questi impulsi può portare a una vita interiore conflittuale e a una disconnessione tra il sé conscio e inconscio.

L'influenza dell'oscurità psicologica sul comportamento umano è quindi vasta e complessa. Non riconoscere e affrontare questi aspetti oscuri può portare a una serie di problemi psicologici e comportamentali. Tuttavia, l'oscurità psicologica non è necessariamente negativa; può anche essere una fonte di creatività e forza, se canalizzata in modo positivo. L'integrazione di questi aspetti oscuri nella personalità cosciente può portare a una maggiore completezza e autenticità, consentendo all'individuo di vivere in modo più equilibrato e consapevole.

L'oscurità psicologica è spesso associata a disturbi psicologici gravi come la psicopatia e la sociopatia. Questi disturbi rappresentano manifestazioni estreme di aspetti oscuri della psiche, che influenzano profondamente il comportamento e le interazioni sociali degli individui affetti. Analizzare questi disturbi è essenziale per comprendere come l'oscurità psicologica possa portare a comportamenti dannosi e antisociali.

La psicopatia è un disturbo della personalità caratterizzato da un insieme di tratti che includono l'assenza di empatia, la manipolazione, il narcisismo e il comportamento antisociale. Gli individui psicopatici tendono a essere affascinanti e carismatici, ma mancano di una coscienza morale e sono incapaci di provare rimorso o senso di colpa per le loro azioni. Questo li rende particolarmente pericolosi, poiché sono capaci di commettere atti di violenza o frode senza alcun riguardo per le conseguenze per gli altri. La psicopatia è spesso associata a comportamenti criminali, ma non tutti i psicopatici diventano criminali. Molti riescono a operare all'interno della società in ruoli che consentono loro di sfruttare e manipolare gli altri, come posizioni di potere e autorità.

La sociopatia, o disturbo antisociale di personalità, condivide alcune caratteristiche con la psicopatia, ma presenta differenze significative. I sociopatici tendono a essere più impulsivi e meno capaci di mantenere relazioni interpersonali stabili. A differenza dei psicopatici, che possono pianificare attentamente le loro azioni manipolative, i sociopatici agiscono spesso senza considerare le conseguenze a lungo termine. Questo li porta a comportamenti rischiosi e autodistruttivi. Mentre i psicopatici possono essere calcolatori e manipolativi, i sociopatici sono più inclini a esplosioni di rabbia e comportamenti aggressivi.

Entrambi i disturbi sono legati a un profondo disconoscimento delle norme sociali e delle regole morali. Questo aspetto dell'oscurità psicologica rende gli individui affetti da questi disturbi incapaci di formare legami emotivi genuini con gli altri. La loro incapacità di provare empatia o compassione li rende incapaci di comprendere il dolore o la sofferenza che causano. Questo li porta a vedere gli altri come strumenti da usare per raggiungere i propri obiettivi, piuttosto che come esseri umani con diritti e bisogni propri.

Le cause di questi disturbi sono complesse e multifattoriali. Gli studi suggeriscono che una combinazione di fattori genetici, ambientali e neurobiologici contribuisce allo sviluppo della psicopatia e della sociopatia. Ad esempio, anomalie nella struttura e nella funzione del cervello, come una ridotta attività nella corteccia prefrontale, sono state associate a una ridotta capacità di regolare le emozioni e a un controllo degli impulsi compromesso. Inoltre, esperienze traumatiche durante l'infanzia, come abusi o negligenza, possono contribuire allo sviluppo di questi disturbi, poiché interferiscono con il normale sviluppo emotivo e sociale.

La diagnosi di psicopatia e sociopatia richiede una valutazione approfondita da parte di professionisti della salute mentale. Strumenti diagnostici come la Hare Psychopathy Checklist-Revised (PCL-R) sono utilizzati per identificare i tratti e i comportamenti associati alla psicopatia. Questi strumenti valutano aspetti come l'incapacità di provare rimorso, il comportamento antisociale e la manipolazione degli altri. Tuttavia, la diagnosi è complessa e richiede una comprensione approfondita della storia di vita e del comportamento dell'individuo.

Il trattamento della psicopatia e della sociopatia è altrettanto complesso. Attualmente, non esistono cure definitive per questi disturbi. Gli interventi terapeutici si concentrano principalmente sulla gestione dei sintomi e sulla riduzione dei comportamenti antisociali. La terapia cognitivo-comportamentale (CBT) può essere utilizzata per aiutare gli individui a riconoscere e modificare i loro schemi di pensiero e comportamento disfunzionali.

Tuttavia, l'efficacia del trattamento è limitata, poiché gli individui con questi disturbi spesso non riconoscono la necessità di cambiamento o non sono motivati a partecipare alla terapia.

La psicopatia e la sociopatia rappresentano manifestazioni estreme dell'oscurità psicologica, caratterizzate da una profonda mancanza di empatia e comportamenti antisociali.

Il ruolo della cultura e dell'ambiente sociale nell'accentuare l'oscurità psicologica è un aspetto cruciale da considerare. La società e la cultura in cui viviamo influenzano profondamente i nostri valori, credenze e comportamenti, e possono contribuire a far emergere o a reprimere gli aspetti più oscuri della nostra psiche. Diversi fattori culturali e ambientali possono infatti alimentare sentimenti negativi, comportamenti distruttivi e disordini psicologici.

Uno degli elementi culturali che può accentuare l'oscurità psicologica è l'enfasi eccessiva sul successo personale e sul materialismo. In molte società moderne, il successo viene spesso misurato in termini di ricchezza, status e potere. Questa pressione a ottenere risultati tangibili può spingere le persone a comportamenti competitivi e senza scrupoli, a scapito dei valori etici e delle relazioni interpersonali. Quando il valore di una persona è misurato esclusivamente in base ai successi materiali, è facile che emergano sentimenti di invidia, gelosia e risentimento verso coloro che sono percepiti come più fortunati o di successo. Questo può alimentare comportamenti manipolativi e distruttivi, poiché gli individui cercano di ottenere vantaggi a spese degli altri.

L'ambiente sociale gioca un ruolo significativo nell'accentuare l'oscurità psicologica. La disuguaglianza sociale, la discriminazione e l'esclusione possono creare un terreno fertile per la crescita di sentimenti negativi come rabbia, frustrazione e disperazione. Quando le persone si sentono emarginate o trattate ingiustamente, possono sviluppare una visione cinica e negativa del mondo, che può portare a comportamenti antisociali e distruttivi. Ad esempio, le comunità che sperimentano alti livelli di povertà e disoccupazione possono vedere un aumento dei tassi di criminalità e violenza, poiché le persone cercano di sopravvivere e di esprimere la loro rabbia contro un sistema che percepiscono come ingiusto.

Un altro fattore culturale che può accentuare l'oscurità psicologica è la rappresentazione mediatica della violenza e dell'aggressività. I media, attraverso film, serie televisive e videogiochi, spesso glorificano comportamenti violenti e antisociali, presentandoli come normali o addirittura desiderabili. Questa continua esposizione alla violenza può desensibilizzare le persone, rendendole più tolleranti verso comportamenti aggressivi e manipolativi. Inoltre, i media possono alimentare paure e ansie, diffondendo notizie sensazionalistiche e creando un clima di incertezza e insicurezza che può accentuare i sentimenti di paura e sospetto.

La cultura del narcisismo, promossa dai social media, è un altro fattore che può accentuare l'oscurità psicologica. La necessità di apparire perfetti e di ottenere l'approvazione degli altri può portare a comportamenti egocentrici e manipolativi. Le persone possono diventare ossessionate dall'immagine che proiettano e possono utilizzare tattiche manipolative per mantenere un'apparenza di successo e felicità. Questo può creare una disconnessione tra l'immagine esterna e il vero sé, portando a sentimenti di insicurezza e insoddisfazione.

L'ambiente familiare e le dinamiche relazionali giocano un ruolo significativo nell'accentuare o mitigare l'oscurità psicologica. Famiglie disfunzionali, dove prevalgono abusi, negligenza o conflitti costanti, possono creare un terreno fertile per lo sviluppo di comportamenti manipolativi e antisociali. I bambini cresciuti in tali ambienti possono imparare a utilizzare la manipolazione e l'aggressività come mezzi per ottenere ciò di cui hanno bisogno, perpetuando un ciclo di comportamenti negativi. Al contrario, un ambiente familiare supportivo e amorevole può aiutare a mitigare l'oscurità psicologica, fornendo modelli di comportamento positivi e insegnando l'importanza dell'empatia e della cooperazione.

Le istituzioni educative e lavorative possono anche giocare un ruolo nell'accentuare l'oscurità psicologica. Ambienti scolastici o lavorativi competitivi e stressanti possono favorire comportamenti manipolativi e scoraggianti. La pressione per eccellere e la paura di fallire possono portare le persone a utilizzare tattiche scorrette per ottenere vantaggi. Al contrario, istituzioni che promuovono la collaborazione, il rispetto reciproco e il benessere emotivo possono aiutare a creare un ambiente che supporta la crescita positiva e la gestione sana delle emozioni.

La cultura e l'ambiente sociale in cui viviamo possono giocare un ruolo significativo nell'accentuare l'oscurità psicologica. Dall'enfasi sul successo materiale e il narcisismo alla disuguaglianza sociale e alla rappresentazione mediatica della violenza, diversi fattori culturali possono alimentare sentimenti negativi e comportamenti distruttivi.

La curiosità morbosa rappresenta un interesse eccessivo o malsano verso argomenti che sono generalmente considerati macabri, disturbanti o tabù. Questo tipo di curiosità può avere un impatto significativo sull'esplorazione dell'oscurità psicologica, influenzando il comportamento umano e la percezione della realtà. Esplorare questi effetti è cruciale per comprendere come la curiosità morbosa possa condurre a una spirale di pensieri e azioni negative.

Uno degli effetti principali della curiosità morbosa è l'attrazione verso contenuti violenti o perturbanti. Le persone con questa inclinazione possono sentirsi affascinate da storie di crimini efferati, dettagli macabri di incidenti o tragedie, e altre forme di contenuti che evocano forti reazioni emotive. Questo interesse può portare a un consumo eccessivo di media sensazionalistici, che spesso esacerbano la paura e l'ansia, contribuendo a una visione del mondo distorta e pessimistica. La continua esposizione a tali contenuti può desensibilizzare le persone, riducendo la loro capacità di provare empatia e aumentando la tolleranza verso la violenza.

La curiosità morbosa può anche portare a comportamenti di esplorazione rischiosa. L'interesse per l'ignoto e il proibito può spingere le persone a cercare esperienze dirette che mettono a rischio la loro sicurezza fisica e mentale. Questo può includere il coinvolgimento in attività pericolose, l'esplorazione di luoghi abbandonati con storie oscure o il tentativo di entrare in contatto con ambienti criminali o occultisti. Questi comportamenti non solo mettono a rischio l'individuo, ma possono anche creare situazioni di pericolo per gli altri, alimentando ulteriormente l'oscurità psicologica.

Un altro effetto della curiosità morbosa è l'incremento della paranoia e della sfiducia. Le persone che si immergono costantemente in contenuti oscuri possono sviluppare una visione distorta della realtà, credendo che il mondo sia più pericoloso e malvagio di quanto non sia realmente. Questa percezione può portare a un aumento della paranoia, rendendo difficile fidarsi degli altri e costruire relazioni sane. La sfiducia può isolare ulteriormente l'individuo, alimentando sentimenti di solitudine e disperazione che intensificano l'oscurità psicologica.

La curiosità morbosa può anche avere un impatto negativo sulla salute mentale. Il consumo di contenuti disturbanti può contribuire allo sviluppo di disturbi come ansia, depressione e disturbo post-traumatico da stress (PTSD). Le immagini e le storie traumatiche possono rimanere impresse nella mente, causando flashback e incubi che interferiscono con la vita quotidiana. Inoltre, l'ossessione per il macabro può diventare una forma di escapismo, con le persone che utilizzano questi contenuti per evitare di affrontare problemi personali o emotivi. Questo evitamento può impedire la crescita personale e la risoluzione di traumi passati, mantenendo l'individuo bloccato in uno stato di oscurità psicologica.

Inoltre, la curiosità morbosa può influenzare negativamente la percezione e il trattamento degli altri. Le persone che si nutrono costantemente di contenuti oscuri possono diventare più ciniche e meno compassionevoli verso le sofferenze altrui. Questo disinteresse per il benessere degli altri può manifestarsi in comportamenti manipolativi e antisociali, contribuendo a una cultura di insensibilità e violenza. L'attrazione verso il macabro può anche portare a una glorificazione o romanticizzazione di comportamenti devianti, influenzando negativamente le norme sociali e i valori morali.

La curiosità morbosa può ostacolare lo sviluppo di un sano equilibrio emotivo. Le persone attratte da contenuti oscuri possono trascurare esperienze positive e gratificanti, concentrandosi invece su aspetti negativi e disturbanti della vita. Questo squilibrio può impedire lo sviluppo di una visione ottimistica e resiliente del mondo, riducendo la capacità di affrontare le difficoltà con una prospettiva positiva. La mancanza di esperienze equilibrate può portare a una vita dominata dalla paura e dal pessimismo, alimentando ulteriormente l'oscurità psicologica.

La curiosità morbosa ha effetti profondi sull'esplorazione dell'oscurità psicologica, influenzando il comportamento, la salute mentale e le relazioni sociali degli individui. La continua esposizione a contenuti macabri può desensibilizzare, aumentare la paranoia e isolare gli individui, creando un ciclo di oscurità psicologica difficile da interrompere. Riconoscere questi effetti è essenziale per sviluppare strategie che promuovano una curiosità sana e bilanciata, evitando l'attrazione verso il macabro e favorendo un benessere psicologico complessivo.

Gestire e mitigare l'oscurità psicologica nella società contemporanea richiede una combinazione di approcci terapeutici che affrontino sia gli aspetti individuali che quelli collettivi del problema. Questi approcci mirano a promuovere il benessere psicologico, a sviluppare la resilienza emotiva e a creare ambienti sociali che supportino la salute mentale. Tra i vari metodi utilizzati, la terapia cognitivo-comportamentale (CBT), la mindfulness, la psicoterapia psicodinamica e le iniziative comunitarie giocano un ruolo cruciale.

La terapia cognitivo-comportamentale (CBT) è uno degli approcci terapeutici più efficaci per affrontare l'oscurità psicologica. La CBT si concentra sulla modifica dei pensieri e dei comportamenti disfunzionali attraverso tecniche strutturate e basate sull'evidenza. Questo approccio aiuta gli individui a identificare e sfidare i pensieri negativi automatici che alimentano emozioni e comportamenti distruttivi. Ad esempio, una persona che sperimenta rabbia repressa o pensieri di vendetta può imparare a riconoscere questi pensieri, a comprendere le loro radici e a sviluppare strategie più sane per gestirli. La CBT incoraggia inoltre lo sviluppo di abilità di coping che possono essere utilizzate per affrontare situazioni stressanti in modo più efficace.

La mindfulness è un altro approccio terapeutico utile per gestire l'oscurità psicologica. Questa pratica implica il coltivare una consapevolezza non giudicante del momento presente, permettendo alle persone di osservare i propri pensieri e sentimenti senza essere sopraffatti da essi. La mindfulness aiuta a sviluppare una maggiore auto-consapevolezza e una migliore regolazione emotiva. Le tecniche di mindfulness, come la meditazione e la respirazione consapevole, possono ridurre lo stress e l'ansia, migliorare la concentrazione e favorire un senso di calma e stabilità interiore. Queste pratiche sono particolarmente efficaci nel ridurre la reattività emotiva e nel promuovere una risposta più equilibrata alle sfide quotidiane.

La psicoterapia psicodinamica esplora le radici profonde dell'oscurità psicologica, concentrandosi sui conflitti inconsci e sulle dinamiche relazionali che influenzano il comportamento. Questo approccio terapeutico aiuta gli individui a comprendere come le esperienze passate, i traumi e le relazioni formative abbiano contribuito allo sviluppo di pensieri e comportamenti negativi. Attraverso il processo terapeutico, le persone possono portare alla luce e risolvere conflitti interiori, sviluppando una maggiore comprensione di sé e delle proprie motivazioni. La psicoterapia psicodinamica promuove anche la crescita personale e l'integrazione dei vari aspetti della personalità, contribuendo a una maggiore armonia interna.

A livello collettivo, le iniziative comunitarie e le politiche pubbliche svolgono un ruolo cruciale nella gestione dell'oscurità psicologica. Creare ambienti sociali che supportino il benessere mentale richiede un impegno a livello di comunità e di governo per promuovere la salute mentale e prevenire il disagio psicologico. Programmi di educazione alla salute mentale, campagne di sensibilizzazione e interventi di prevenzione del bullismo e della violenza possono contribuire a creare una cultura di supporto e comprensione. Le scuole, le università e i luoghi di lavoro possono implementare programmi di formazione e supporto per promuovere il benessere emotivo e fornire risorse per chi ne ha bisogno.

Inoltre, il supporto sociale è essenziale per mitigare l'oscurità psicologica. Reti di supporto forti, come amici, familiari e gruppi di sostegno, possono offrire un senso di appartenenza e sicurezza. Il sostegno sociale aiuta le persone a sentirsi meno isolate e a trovare conforto e consiglio in momenti di difficoltà. Partecipare a gruppi di sostegno, sia in persona che online, può fornire un ambiente sicuro in cui condividere esperienze e apprendere dagli altri.

Promuovere l'autocura e il benessere personale è fondamentale per affrontare l'oscurità psicologica. Pratiche di autocura, come mantenere una dieta equilibrata, fare esercizio fisico regolare, dormire a sufficienza e dedicare tempo a hobby e interessi, possono migliorare significativamente la salute mentale. Inoltre, incoraggiare le persone a cercare aiuto professionale quando necessario e a prendere sul serio la propria salute mentale può fare una grande differenza nel loro benessere complessivo.

Affrontare l'oscurità psicologica nella società contemporanea richiede un approccio integrato che coinvolga terapia individuale, pratiche di mindfulness, psicoterapia psicodinamica, iniziative comunitarie e politiche pubbliche. La combinazione di questi approcci può aiutare le persone a gestire e mitigare gli aspetti negativi della psiche, promuovendo una maggiore resilienza emotiva e un benessere duraturo.

Manipolazione Emotiva e Psicologica

La manipolazione emotiva e psicologica rappresenta uno strumento di controllo potente e insidioso, utilizzato per influenzare e dominare gli altri in modo sottile ma efficace. Questa forma di manipolazione si basa sull'abilità di un individuo di identificare e sfruttare le vulnerabilità emotive e psicologiche delle persone per ottenere potere, conformità o vantaggi personali. La comprensione di come funzionano questi meccanismi è cruciale per riconoscere e difendersi da tali tattiche. Come abbiamo già detto in precedenza uno degli aspetti più subdoli della manipolazione emotiva è il gaslighting, una tecnica in cui il manipolatore fa dubitare la vittima delle proprie percezioni, memoria e sanità mentale attraverso una serie di bugie, negazioni e distorsioni della realtà. Un'altra tattica comune è la triangolazione, in cui il manipolatore introduce una terza persona nella dinamica relazionale per creare competizione, gelosia o insicurezza. Questo può avvenire in vari contesti, come relazioni personali, famiglie o ambienti di lavoro.

Le critiche sottili e la svalutazione sono ulteriori strumenti di manipolazione psicologica. Il manipolatore utilizza commenti ambigui o velati per minare la fiducia della vittima in sé stessa, facendola sentire inadeguata o incompetente. Questo può includere frasi come "Non pensavo che fossi capace di fare una cosa del genere" o "Sei sicuro che questa sia la scelta giusta?". Tali commenti sono progettati per instillare dubbi e insicurezze, rendendo la vittima sempre più dipendente dal manipolatore per la convalida e l'approvazione.

Un altro metodo di manipolazione emotiva è il controllo delle risorse, che può includere il controllo delle finanze, del tempo o delle relazioni sociali della vittima. Il manipolatore utilizza queste risorse per limitare l'autonomia della vittima e creare una dipendenza pratica ed emotiva. Ad esempio, impedire alla vittima di avere accesso indipendente ai propri soldi o di mantenere relazioni esterne può isolarla e renderla più facile da controllare.

Tuttavia, esistono altre strategie manipolative che meritano un'attenzione approfondita per comprendere appieno la portata della manipolazione psicologica.

Una di queste tecniche è la proiezione, dove il manipolatore attribuisce i propri pensieri, sentimenti o comportamenti inaccettabili alla vittima. Questo meccanismo di difesa psicologica consente al manipolatore di evitare di assumersi la responsabilità delle proprie azioni e di mantenere una facciata di innocenza. La proiezione può creare confusione e incertezza nella vittima, che può iniziare a dubitare delle proprie percezioni e a sentirsi in colpa per cose che non ha fatto.

Un'altra strategia è l'uso della colpevolizzazione, che implica far sentire la vittima responsabile per i problemi o le difficoltà del manipolatore. Questo può includere frasi come "Se non fosse per te, non sarei così stressato" o "È colpa tua se le cose vanno male". La colpevolizzazione sfrutta il senso di responsabilità e la coscienza della vittima, facendola sentire obbligata a risolvere i problemi del manipolatore o a fare sacrifici personali per migliorare la situazione.

La manipolazione delle emozioni attraverso il controllo delle informazioni è un'altra tecnica comune. Il manipolatore seleziona attentamente quali informazioni condividere e quali nascondere per influenzare le decisioni e le percezioni della vittima. Questo può includere la distorsione della verità, la menzogna o l'omissione di dettagli cruciali. Controllando il flusso di informazioni, il manipolatore può creare una realtà distorta che avvantaggia i propri scopi, mantenendo la vittima all'oscuro della verità.

L'uso di false promesse è un'altra tattica manipolativa che sfrutta le speranze e i desideri della vittima. Il manipolatore può promettere cambiamenti futuri, miglioramenti o ricompense che non ha intenzione di mantenere, solo per ottenere conformità immediata o per mantenere il controllo. Queste promesse vuote creano un ciclo di aspettative e delusioni, mantenendo la vittima in uno stato di attesa e speranza, mentre il manipolatore continua a esercitare il proprio potere.

La minimizzazione e l'invalidazione delle emozioni della vittima sono altre tattiche subdole di manipolazione psicologica. Il manipolatore può sminuire i sentimenti della vittima, facendola sentire esagerata o irrazionale per le sue reazioni emotive. Questo può includere frasi come "Stai esagerando" o "Sei troppo sensibile". La minimizzazione e l'invalidazione riducono la fiducia della vittima nelle proprie emozioni e percezioni, rendendola più facile da controllare.

L'uso della manipolazione emotiva attraverso il vittimismo è una tecnica in cui il manipolatore si presenta come una vittima per suscitare empatia e compassione. Questo comportamento può indurre la vittima a prendersi cura del manipolatore, a sentirsi in colpa per i propri bisogni e a mettere da parte le proprie necessità per soddisfare quelle del manipolatore. Il vittimismo crea una dinamica di dipendenza emotiva, in cui la vittima si sente obbligata a sostenere e proteggere il manipolatore.

La manipolazione psicologica è un fenomeno pervasivo che può manifestarsi in vari contesti, inclusi quelli familiari, lavorativi e sociali. Comprendere come queste dinamiche si sviluppano in diversi ambienti è fondamentale per riconoscerle e difendersi in modo efficace. Ogni contesto presenta sfide uniche, e le tecniche manipolative possono variare a seconda della situazione e delle relazioni coinvolte.

In ambito familiare, la manipolazione psicologica spesso si manifesta attraverso dinamiche di potere e controllo. Genitori manipolativi possono utilizzare la colpevolizzazione e l'invalidazione per mantenere l'autorità sui figli, creando un ambiente di dipendenza emotiva. Frasi come "Dopo tutto quello che ho fatto per te, mi deludi così" o "Non sei mai abbastanza bravo" possono minare l'autostima dei figli e farli sentire costantemente inadeguati. Questo tipo di manipolazione può portare a difficoltà nell'età adulta, influenzando le relazioni e la capacità di prendere decisioni autonome.

Anche tra partner, la manipolazione psicologica può essere un mezzo per esercitare controllo e dominio. Un partner manipolativo può utilizzare tecniche come il gaslighting per far dubitare l'altro delle proprie percezioni e del proprio giudizio. L'isolamento sociale è un'altra tattica comune, dove il manipolatore tenta di allontanare il partner dai suoi amici e familiari, rendendolo emotivamente e socialmente dipendente. Questi comportamenti possono creare un ciclo di abuso difficile da interrompere, poiché la vittima può sentirsi intrappolata e senza supporto esterno.

Nel contesto lavorativo, la manipolazione psicologica può manifestarsi attraverso dinamiche di potere tra superiori e subordinati o tra colleghi. Un capo manipolativo può utilizzare il micromanagement, la critica costante o la svalutazione del lavoro del dipendente per mantenere il controllo e instillare paura e insicurezza. Questa forma di manipolazione può portare a un ambiente di lavoro tossico, con effetti negativi sulla produttività e sulla salute mentale dei dipendenti. Inoltre, la manipolazione può includere favoritismi e triangolazione, creando competizione e conflitti tra colleghi per mantenere il controllo e la divisione.

Tra colleghi, la manipolazione può assumere la forma di sabotaggio, disinformazione o esclusione sociale. Un collega manipolativo può diffondere voci o informazioni false per minare la reputazione di un altro o per ottenere un vantaggio professionale. Questo tipo di comportamento non solo danneggia la vittima, ma può anche creare un clima di sfiducia e ostilità all'interno del team, compromettendo la collaborazione e l'efficacia del gruppo di lavoro.

In ambito sociale, la manipolazione psicologica può avvenire in cerchie di amici o gruppi più ampi. Un manipolatore può usare il carisma e il fascino per ottenere influenza e potere, spesso a spese degli altri membri del gruppo. La triangolazione è comune, con il manipolatore che crea divisioni e conflitti tra amici per mantenere il controllo. Le dinamiche di gruppo possono diventare tossiche, con effetti dannosi sulle relazioni e sul benessere emotivo dei membri del gruppo.

Anche sui social media e nelle interazioni online, la manipolazione psicologica è diffusa. Gli algoritmi dei social media possono essere sfruttati per diffondere disinformazione o per manipolare le opinioni e i comportamenti degli utenti. Le persone possono essere esposte a campagne di disinformazione, cyberbullismo o trolling, che possono avere effetti negativi sulla loro salute mentale e sul loro benessere. La natura anonima e spesso deumanizzante delle interazioni online può amplificare questi effetti, rendendo difficile riconoscere e contrastare la manipolazione.

La manipolazione psicologica può avere effetti devastanti sulla salute mentale e sul benessere emotivo delle vittime. Le persone che subiscono manipolazione possono sperimentare una vasta gamma di sintomi psicologici, che variano in gravità e durata a seconda dell'intensità e della durata della manipolazione. Comprendere questi effetti è fondamentale per riconoscerli, affrontarli e intraprendere un percorso di guarigione.

Uno degli effetti più comuni è l'erosione della fiducia in sé stessi. Le vittime spesso iniziano a dubitare delle proprie percezioni, giudizi e decisioni. Questo può essere il risultato di tecniche manipolative come il gaslighting, che inducono la vittima a mettere in discussione la propria sanità mentale. La perdita di fiducia in sé stessi può portare a una bassa autostima e a un senso di indegnità, che a sua volta può rendere difficile per la vittima prendere decisioni autonome e assertive. Questa insicurezza può persistere anche dopo la fine della relazione manipolativa, influenzando negativamente la capacità della persona di costruire relazioni sane e di successo.

La manipolazione psicologica può anche causare disturbi d'ansia. Le vittime possono sperimentare un costante stato di allerta e tensione, temendo ulteriori manipolazioni o abusi. Questo stato di ansia può manifestarsi attraverso sintomi fisici come palpitazioni, sudorazione eccessiva, tremori e difficoltà respiratorie. Inoltre, l'ansia può interferire con il sonno, l'alimentazione e la capacità di concentrazione, compromettendo ulteriormente la qualità della vita della vittima. In alcuni casi, l'ansia può evolversi in disturbi d'ansia generalizzati o attacchi di panico, che richiedono intervento terapeutico.

La depressione è un altro effetto comune della manipolazione psicologica. Le vittime possono sentirsi sopraffatte da sentimenti di tristezza, disperazione e impotenza. La manipolazione continua può portare a una sensazione di perdita di controllo sulla propria vita e sulle proprie emozioni, contribuendo a una visione pessimistica del futuro. La depressione può manifestarsi attraverso sintomi come perdita di interesse per le attività quotidiane, cambiamenti nell'appetito e nel peso, insonnia o ipersonnia, e pensieri di suicidio. È essenziale che le vittime di manipolazione che soffrono di depressione ricevano supporto psicologico e, se necessario, trattamento medico.

La manipolazione psicologica può anche portare a disturbi da stress post-traumatico (PTSD). Le vittime possono rivivere l'esperienza traumatica attraverso flashback, incubi e pensieri intrusivi. Possono anche evitare situazioni o persone che ricordano loro la manipolazione subita, e possono sperimentare ipervigilanza e irritabilità. Il PTSD può interferire gravemente con la vita quotidiana e le relazioni della vittima, rendendo difficile il ritorno a una vita normale. Il trattamento del PTSD spesso richiede interventi terapeutici specializzati, come la terapia cognitivo-comportamentale focalizzata sul trauma o la terapia EMDR (Eye Movement Desensitization and Reprocessing).

Questa manipolazione può influenzare negativamente anche le relazioni interpersonali della vittima. Le persone che sono state manipolate possono diventare sospettose e diffidenti, rendendo difficile per loro fidarsi degli altri. Questo può portare a isolamento sociale e difficoltà nel formare nuove relazioni. Inoltre, le vittime possono ripetere schemi di comportamento manipolativo nelle loro relazioni future, perpetuando un ciclo di abuso e disfunzione. È importante che le vittime ricevano supporto per riconoscere e interrompere questi schemi, costruendo relazioni più sane e rispettose.

Il recupero da questo tipo di manipolazione richiede tempo, pazienza e supporto. Le vittime possono beneficiare di una varietà di interventi terapeutici, inclusa la terapia individuale, la terapia di gruppo e il supporto da parte di amici e familiari. La terapia può aiutare le vittime a ricostruire la fiducia in sé stesse, a gestire i sintomi di ansia e depressione, e a sviluppare strategie per evitare future manipolazioni. Inoltre, pratiche di auto-cura come la meditazione, l'esercizio fisico regolare e la cura della propria salute mentale possono contribuire al processo di guarigione. Riconoscere la manipolazione psicologica in vari contesti è essenziale per sviluppare strategie di difesa efficaci. La consapevolezza è il primo passo: educarsi sulle tecniche manipolative e sui loro segnali di allarme può aiutare a identificarle tempestivamente. Stabilire confini chiari e mantenere una comunicazione aperta e onesta con gli altri può prevenire l'escalation della manipolazione. Cercare supporto esterno, come amici fidati, familiari o professionisti della salute mentale, può fornire una prospettiva equilibrata e aiutare a rafforzare la propria resilienza emotiva.

Inoltre, sviluppare l'autostima e la fiducia in sé stessi è cruciale per resistere alla manipolazione. Le persone con una forte autostima sono meno suscettibili ai tentativi di controllo e più capaci di riconoscere e respingere comportamenti manipolativi. Pratiche come la mindfulness, la terapia cognitivo-comportamentale e il self-care possono aiutare a costruire una solida base emotiva e mentale.

Una qualità fondamentale che permette di riconoscere e contrastare efficacemente la manipolazione emotiva è sicuramente l'empatia. Questa capacità di comprendere e condividere i sentimenti degli altri non solo favorisce relazioni sane e rispettose, ma aiuta anche a identificare i segnali di manipolazione e a reagire in modo appropriato. Analizzare il ruolo dell'empatia nel contesto della manipolazione emotiva può fornire importanti strumenti di difesa per proteggere la propria integrità psicologica.

L'empatia consente alle persone di sintonizzarsi sulle emozioni degli altri e di percepire quando qualcosa non va. Questa sensibilità può essere particolarmente utile per riconoscere i segnali sottili della manipolazione emotiva. Ad esempio, se una persona percepisce che un amico o un partner sta tentando di farla sentire in colpa o di manipolare i suoi sentimenti, l'empatia può aiutarla a identificare queste dinamiche. La capacità di sentire l'angoscia o il disagio degli altri può agire come un campanello d'allarme che qualcosa nella relazione non è sano.

Quando si è empatici, si è più in sintonia con le proprie emozioni e reazioni, il che può aiutare a identificare quando si è vittime di manipolazione emotiva. Ad esempio, se ci si sente costantemente inadeguati, colpevoli o ansiosi in presenza di una determinata persona, l'empatia può aiutare a capire che questi sentimenti potrebbero essere il risultato di manipolazione piuttosto che di proprie carenze. Questa consapevolezza di sé è il primo passo per contrastare la manipolazione, poiché consente di riconoscere e affrontare le dinamiche tossiche.

L'empatia favorisce anche la comunicazione assertiva. Le persone empatiche tendono a essere più abili nel comunicare i propri sentimenti e bisogni in modo chiaro e rispettoso. Questa capacità di esprimersi può essere un potente strumento contro la manipolazione emotiva. Comunicando apertamente e onestamente, si può stabilire una posizione di forza e chiarezza, rendendo più difficile per i manipolatori sfruttare le vulnerabilità. Ad esempio, se qualcuno tenta di utilizzare la colpevolizzazione per ottenere qualcosa, una risposta empatica ma assertiva potrebbe essere: "Capisco che sei deluso, ma non posso assumermi la responsabilità di questa situazione".

Un altro aspetto cruciale dell'empatia è la capacità di stabilire confini sani. Le persone empatiche sono spesso consapevoli dell'importanza di proteggere il proprio benessere emotivo e di rispettare i confini degli altri. Questa consapevolezza può aiutare a prevenire la manipolazione emotiva, poiché stabilire confini chiari rende più difficile per i manipolatori sfruttare le debolezze. Ad esempio, se un collega tenta di manipolare i propri sentimenti per ottenere un favore, una risposta empatica ma ferma potrebbe essere: "Mi dispiace che tu abbia bisogno di aiuto, ma non posso occuparmene in questo momento".

L'empatia può anche facilitare la ricerca di supporto. Le persone empatiche tendono a essere più inclini a cercare e offrire supporto nelle relazioni. Questo senso di comunità e di sostegno reciproco può essere una difesa potente contro la manipolazione emotiva. Avere un gruppo di amici o familiari di fiducia con cui condividere esperienze e preoccupazioni può aiutare a identificare e contrastare la manipolazione. Il supporto sociale fornisce una rete di sicurezza emotiva, offrendo prospettive diverse e consigli preziosi su come affrontare situazioni manipolative.

Comprendere e gestire le proprie emozioni e quelle degli altri rafforza la capacità di affrontare le difficoltà e di mantenere l'integrità emotiva. Questa resilienza può aiutare a resistere alla manipolazione emotiva e a recuperare più rapidamente dagli effetti negativi. Ad esempio, una persona empatica può utilizzare tecniche di autocompassione per affrontare il dolore emotivo causato dalla manipolazione, promuovendo un processo di guarigione più rapido ed efficace. Attraverso la sensibilità alle emozioni degli altri, la consapevolezza di sé, la comunicazione assertiva, la capacità di stabilire confini, il sostegno reciproco e la resilienza emotiva, l'empatia fornisce gli strumenti necessari per proteggere la propria integrità psicologica e costruire relazioni sane e rispettose. Sviluppare e coltivare l'empatia non solo aiuta a prevenire la manipolazione, ma contribuisce anche a un benessere emotivo duraturo.

Il Potere delle Parole: La Forza della Linguistica Nera

Il concetto di linguistica nera si riferisce all'uso deliberato e strategico del linguaggio per manipolare, ingannare o influenzare gli altri in modo negativo. Questa forma di comunicazione si basa su tecniche linguistiche che possono alterare la percezione della realtà, influenzare il comportamento e plasmare le opinioni delle persone. La linguistica nera può essere utilizzata in vari contesti, dai rapporti interpersonali alla politica, dalla pubblicità ai media, ed è uno strumento potente nelle mani di coloro che desiderano esercitare controllo sugli altri.

Una delle principali tecniche utilizzate nella linguistica nera è il **framing**, ovvero la presentazione di informazioni in modo tale da enfatizzare certi aspetti e minimizzarne altri. Questo può alterare la percezione di un evento o di una situazione, guidando l'opinione pubblica in una direzione specifica. Ad esempio, descrivere una riforma come "modernizzazione" piuttosto che "tagli" può influenzare l'opinione delle persone, rendendo la misura più accettabile. Il framing manipola la comprensione e l'interpretazione degli eventi, influenzando le emozioni e le decisioni delle persone.

Un altro aspetto importante della linguistica nera è **l'uso delle presupposizioni**, ovvero affermazioni implicite che vengono accettate come vere senza essere messe in discussione. Ad esempio, la domanda "Perché sei sempre così in ritardo?" presuppone che la persona sia sempre in ritardo, senza dare spazio a una possibile difesa. Le presupposizioni possono essere utilizzate per insinuare dubbi, colpe o difetti, manipolando la percezione della realtà senza che l'interlocutore se ne renda conto. Questo crea una narrativa che può influenzare negativamente l'autostima e il comportamento della persona.

Le **metafore** sono un altro strumento potente nella linguistica nera. Le metafore non sono solo figure retoriche, ma modelli mentali che influenzano come le persone pensano e agiscono. Ad esempio, descrivere una nazione come una "nave che affonda" evoca immagini di pericolo e urgenza, influenzando le decisioni politiche e sociali. Le metafore possono semplificare concetti complessi e orientare le emozioni e le azioni delle persone verso una direzione specifica, spesso a vantaggio di chi le utilizza.

L'uso di etichette e stereotipi è un'altra tecnica della linguistica nera. Attribuire etichette negative a individui o gruppi può influenzare la percezione e il trattamento di questi ultimi. Ad esempio, descrivere un gruppo di manifestanti come "teppisti" piuttosto che "attivisti" altera la percezione delle loro azioni e motivazioni. Le etichette e gli stereotipi semplificano la complessità degli individui e delle situazioni, creando pregiudizi che possono influenzare negativamente il comportamento e le decisioni.

La ripetizione è una tecnica linguistica che può rinforzare un messaggio e renderlo più credibile. Ripetere continuamente un'idea o un'affermazione può far sì che essa venga accettata come verità, anche se inizialmente non era convincente. Questo principio è utilizzato ampiamente nella propaganda e nella pubblicità, dove i messaggi ripetuti influenzano la memoria e la percezione delle persone. La ripetizione può creare un senso di familiarità e fiducia, manipolando così il comportamento e le opinioni.

La vaghezza e l'ambiguità sono altre strategie della linguistica nera. Utilizzare termini vaghi o ambigui può confondere l'interlocutore e impedirgli di comprendere appieno il messaggio. Questo può essere utilizzato per evitare responsabilità o per manipolare la percezione di una situazione. Ad esempio, un politico che utilizza frasi come "stiamo esplorando tutte le opzioni" evita di fornire informazioni concrete, lasciando spazio a interpretazioni manipolative. La vaghezza e l'ambiguità possono creare incertezza e influenzare le decisioni delle persone in modo subliminale.

Inoltre, la linguistica nera può sfruttare l'uso strategico delle emozioni. Appelli emotivi, come la paura, la speranza o la rabbia, possono essere utilizzati per manipolare le reazioni delle persone. Ad esempio, i messaggi che evocano paura possono spingere le persone a prendere decisioni impulsive o a sostenere politiche restrittive. Allo stesso modo, evocare speranza può motivare le persone a sostenere iniziative che altrimenti non avrebbero considerato. Le emozioni sono potenti motori del comportamento umano, e la linguistica nera sfrutta questa caratteristica per influenzare le azioni delle persone.

In sostanza la linguistica nera è un insieme di tecniche linguistiche utilizzate per manipolare la percezione e il comportamento delle persone. Attraverso il framing, le presupposizioni, le metafore, le etichette, la ripetizione, la vaghezza e l'uso delle emozioni, i manipolatori possono esercitare un controllo significativo sugli altri.

Analizzare le parole e le frasi utilizzate nei processi di persuasione e manipolazione è fondamentale per comprendere come il linguaggio possa influenzare le decisioni e i comportamenti delle persone. Le parole e le frasi scelte con cura possono creare un impatto significativo sulla mente dell'interlocutore, indirizzando le sue emozioni, pensieri e azioni in modi sottili ma potenti.

Una delle tecniche principali nella persuasione è l'uso delle **parole connotative**, che evocano emozioni specifiche. Parole come "sicurezza", "libertà" e "giustizia" hanno connotazioni positive che possono suscitare sentimenti di fiducia e approvazione. Al contrario, parole come "crisi", "pericolo" e "fallimento" evocano emozioni negative come paura e ansia. I persuasori abili utilizzano queste parole connotative per manipolare le emozioni e orientare le risposte degli interlocutori in modo favorevole ai loro obiettivi.

Le frasi ipnotiche sono un altro strumento utilizzato nella persuasione. Queste frasi sono progettate per aggirare le difese consce e influenzare il subconscio. Frasi come "Immagina di sentirti completamente rilassato..." o "Se solo potessi vedere quanto è facile..." invitano l'interlocutore a visualizzare e a sperimentare mentalmente lo stato desiderato. Questo può creare un senso di familiarità e accettazione che facilita la persuasione. Le frasi ipnotiche utilizzano un linguaggio suggestivo per creare un'aspettativa positiva e ridurre la resistenza.

L'uso delle **domande retoriche** è una tecnica persuasiva che stimola il pensiero senza richiedere una risposta diretta. Domande come "Chi non vorrebbe vivere in un mondo migliore?" o "Non pensi che sia giusto aiutare gli altri?" inducono l'interlocutore a riflettere e spesso a concordare con il messaggio implicito. Le domande retoriche creano un senso di consenso e possono rafforzare l'argomento del persuasore, influenzando sottilmente le opinioni e i comportamenti degli altri.

La tecnica del piede nella porta è una strategia manipolativa basata sull'ottenimento di un piccolo impegno iniziale che facilita l'accettazione di richieste più grandi in seguito. Frasi come "Potresti firmare questa petizione?" seguite da "Ora, potresti fare una donazione per la nostra causa?" sfruttano la tendenza delle persone a mantenere la coerenza tra le loro azioni. Una volta che qualcuno ha accettato di fare una piccola cosa, è più probabile che accetti di fare qualcosa di più significativo per evitare dissonanza cognitiva e apparire coerente.

Le affermazioni a doppio legame sono un'altra tecnica manipolativa utilizzata per creare confusione e influenzare il comportamento. Queste affermazioni presentano due opzioni entrambe accettabili per il persuasore, ma entrambe portano alla stessa conclusione desiderata. Ad esempio, "Preferisci fare il lavoro ora o più tardi?" presuppone che il lavoro verrà fatto comunque, eliminando l'opzione di non farlo. Le affermazioni a doppio legame limitano la scelta percepita e guidano l'interlocutore verso l'azione desiderata.

Le generalizzazioni sono spesso utilizzate per creare un'impressione di universalità e consenso. Frasi come "Tutti sanno che..." o "È ovvio che..." implicano che l'opinione espressa sia ampiamente accettata e incontestabile. Questo può influenzare gli interlocutori a conformarsi alla percezione di consenso sociale, riducendo la loro inclinazione a mettere in discussione l'affermazione. Le generalizzazioni sfruttano il desiderio umano di appartenenza e accettazione sociale per orientare le opinioni e i comportamenti.

Le affermazioni condizionali sono un'altra tecnica persuasiva efficace. Frasi come "Se vuoi avere successo, devi..." o "Solo chi è davvero determinato può..." creano un legame tra il comportamento desiderato e un risultato positivo. Queste affermazioni sfruttano il desiderio di raggiungere obiettivi e di essere percepiti positivamente, incentivando l'interlocutore a seguire le istruzioni del persuasore. Le affermazioni condizionali creano un senso di urgenza e necessità, spingendo le persone a conformarsi per ottenere benefici.

L'uso della **ripetizione**, come già accennato, è una tecnica classica nella persuasione e nella manipolazione. Ripetere un messaggio più volte aumenta la sua familiarità e accettazione. Questo principio, noto come "effetto esposizione", suggerisce che le persone tendono a sviluppare una preferenza per le cose semplicemente perché sono familiari. I persuasori utilizzano la ripetizione per rinforzare un messaggio e renderlo più convincente, influenzando così le opinioni e i comportamenti degli interlocutori.

Le parole e le frasi utilizzate nei processi di persuasione e manipolazione sono strumenti potenti che possono influenzare profondamente la percezione e il comportamento delle persone. Attraverso l'uso strategico di parole connotative, frasi ipnotiche, domande retoriche, tecniche come il piede nella porta e le affermazioni a doppio legame, i persuasori possono guidare le emozioni, i pensieri e le azioni degli altri in modi sottili ma efficaci.

Nella comunicazione di massa, la linguistica nera si manifesta spesso attraverso la manipolazione delle notizie e l'uso strategico delle parole. I titoli sensazionalistici sono un esempio chiaro di come le parole possono influenzare la percezione del pubblico. Titoli come "Shock: Scoperta Rivoluzionaria Cambia Tutto" attirano l'attenzione e suscitano emozioni forti, spesso a scapito dell'accuratezza e dell'integrità giornalistica. Questi titoli manipolano le emozioni del pubblico per aumentare i clic e le visualizzazioni, distorcendo la realtà dei fatti presentati.

La selezione delle informazioni è un'altra tecnica di linguistica nera nella comunicazione di massa. Presentare solo una parte della storia o omettere dettagli cruciali può creare una narrazione distorta che favorisce una particolare agenda. Ad esempio, riportare solo gli aspetti negativi di un evento senza fornire il contesto completo può influenzare negativamente l'opinione pubblica e creare pregiudizi. Questa tecnica è utilizzata per orientare la percezione e manipolare il comportamento delle persone in modo subliminale. La linguistica nera si manifesta anche attraverso l'uso strategico delle emozioni. Nei media, le storie che suscitano paura, rabbia o empatia sono spesso privilegiate perché attirano più attenzione e coinvolgimento. Ad esempio, la copertura di crimini violenti con dettagli grafici e sensazionalistici può aumentare la paura del pubblico e spingerlo a sostenere politiche più dure. Allo stesso modo, storie commoventi che suscitano empatia possono essere utilizzate per promuovere cause specifiche, manipolando le emozioni del pubblico per ottenere sostegno.

Nel marketing, la linguistica nera è utilizzata per influenzare i consumatori e indirizzare le loro decisioni di acquisto. Le pubblicità spesso utilizzano metafore potenti per creare associazioni positive con i prodotti. Un esempio comune è la descrizione di una macchina come una "bestia", che evoca potenza e dominanza. Allo stesso modo, i prodotti di bellezza sono spesso descritti con parole come "magico" o "rivoluzionario", che promettono risultati straordinari e creano un senso di urgenza nell'acquisto.

Le tecniche di ripetizione sono ampiamente utilizzate nel marketing per rinforzare il riconoscimento del marchio e creare familiarità. Slogan ripetuti continuamente, come "Just Do It" di Nike, diventano facilmente associati al marchio, influenzando positivamente la percezione del consumatore e incoraggiando la fedeltà al marchio. La ripetizione crea una sensazione di fiducia e familiarità, rendendo più probabile che i consumatori scelgano quei prodotti rispetto ad altri.

Le domande retoriche sono un altro strumento comune nel marketing. Domande come "Vuoi sentirti più sicuro?" o "Non meriti il meglio?" inducono i consumatori a rispondere mentalmente in modo positivo, orientandoli verso l'acquisto del prodotto pubblicizzato.

Sviluppare una consapevolezza critica nei confronti della linguistica nera e delle sue implicazioni è essenziale per difendersi dalla manipolazione e mantenere la propria autonomia mentale. Questa consapevolezza può essere coltivata attraverso varie strategie che aiutano a riconoscere le tecniche manipolative e a rispondere ad esse in modo efficace. Queste strategie includono l'educazione, l'analisi critica dei media, la pratica della riflessione critica, la consapevolezza emotiva e la comunicazione assertiva.

Uno dei primi passi per sviluppare una consapevolezza critica è l'educazione. Informarsi su come funzionano le tecniche di manipolazione linguistica è fondamentale. Leggere libri, articoli e risorse accademiche che esplorano la linguistica nera e le sue applicazioni può fornire una solida base di conoscenze. Partecipare a corsi o seminari sulla comunicazione persuasiva, la psicologia della manipolazione e l'analisi dei media può anche aiutare a riconoscere le tattiche manipolative. Conoscere le tecniche utilizzate dai manipolatori rende più facile identificarle quando vengono applicate.

L'analisi critica dei media è un'altra strategia chiave. I media sono uno dei principali veicoli della linguistica nera, quindi imparare a decodificare i messaggi mediatici è essenziale. Questo può essere fatto analizzando attentamente le notizie, le pubblicità e altri contenuti mediatici per individuare tecniche come il framing, le presupposizioni e la selezione delle informazioni. Chiedersi chi è il pubblico di destinazione, quali sono gli obiettivi del messaggio e quali emozioni il messaggio cerca di evocare può aiutare a smascherare la manipolazione. Confrontare diverse fonti di informazione e cercare punti di vista alternativi può fornire un quadro più completo e ridurre l'impatto della manipolazione.

La pratica della riflessione critica è cruciale per sviluppare una consapevolezza critica. Questo implica il mettersi in discussione e analizzare i propri pensieri e reazioni ai messaggi che si ricevono. Ad esempio, se un messaggio evoca una reazione emotiva forte, come rabbia o paura, è utile chiedersi perché si prova quella emozione e se il messaggio è progettato per manipolare quelle emozioni. La riflessione critica aiuta a diventare più consapevoli delle proprie vulnerabilità emotive e cognitive, rendendo più difficile per i manipolatori sfruttarle.

La consapevolezza emotiva è un altro aspetto importante. Riconoscere e comprendere le proprie emozioni può aiutare a individuare quando si è soggetti a manipolazione emotiva. Pratiche come la mindfulness e la meditazione possono aumentare la consapevolezza emotiva, permettendo di riconoscere le emozioni nel momento in cui emergono e di rispondere ad esse in modo più equilibrato. Essere consapevoli delle proprie reazioni emotive può ridurre l'influenza della manipolazione emotiva e migliorare la capacità di pensare criticamente.

La comunicazione assertiva è una strategia efficace per difendersi dalla manipolazione. Imparare a esprimere i propri pensieri e sentimenti in modo chiaro e rispettoso può prevenire l'abuso manipolativo. La comunicazione assertiva implica stabilire confini chiari e non avere paura di dire "no" quando necessario. Essere assertivi aiuta a mantenere il controllo delle proprie decisioni e a proteggere la propria autonomia.

Sviluppare il pensiero critico è essenziale. Questo implica non accettare passivamente le informazioni, ma analizzarle e valutarle attentamente. Chiedersi quali sono le fonti delle informazioni, se ci sono prove a supporto delle affermazioni e se ci sono altre interpretazioni possibili può aiutare a smascherare la manipolazione. Il pensiero critico richiede una mente aperta e la volontà di mettere in discussione le proprie credenze e pregiudizi.

È importante creare e mantenere reti di supporto. Discutere di idee e preoccupazioni con amici, familiari o gruppi di supporto può fornire prospettive diverse e aiutare a identificare la manipolazione. Avere persone di fiducia con cui confrontarsi può offrire un sostegno emotivo e rinforzare la propria capacità di resistere alla manipolazione.

Sviluppare una consapevolezza critica nei confronti della linguistica nera richiede un impegno continuo nell'educazione, nell'analisi critica dei media, nella riflessione critica, nella consapevolezza emotiva e nella comunicazione assertiva. Queste strategie aiutano a riconoscere le tecniche manipolative e a rispondere ad esse in modo efficace, proteggendo la propria autonomia e capacità di pensiero critico. Con il tempo e la pratica, è possibile diventare più resilienti alla manipolazione e mantenere il controllo sulle proprie decisioni e opinioni.

L'Arte della Manipolazione Visiva e Ambientale

La manipolazione visiva e ambientale è una forma di controllo sottile e potente che influenza il comportamento e le decisioni delle persone attraverso la modifica dell'ambiente fisico e l'uso strategico delle immagini. Questa manipolazione sfrutta il modo in cui percepiamo il nostro ambiente e le informazioni visive per orientare le nostre azioni in modi spesso inconsapevoli. Nella vita quotidiana, questi metodi sono ampiamente utilizzati nel marketing, nella pubblicità, nel design degli spazi pubblici e nei media, creando effetti profondi sul comportamento umano.

Un esempio classico di manipolazione visiva si trova nella pubblicità. Le immagini pubblicitarie sono progettate con cura per evocare emozioni specifiche e per creare associazioni positive con i prodotti. Ad esempio, una pubblicità di un'automobile può mostrare il veicolo in un ambiente lussuoso, con colori vivaci e persone attraenti, suggerendo che possedere quell'auto porta a uno stile di vita desiderabile. Questo tipo di manipolazione visiva crea un desiderio inconscio nel consumatore di associare il proprio successo e felicità al possesso del prodotto pubblicizzato.

La manipolazione ambientale nel contesto del commercio al dettaglio è un altro esempio evidente. I supermercati e i negozi utilizzano tecniche di design ambientale per influenzare il comportamento degli acquirenti. L'organizzazione dei prodotti sugli scaffali non è casuale; i prodotti più redditizi o quelli che si desidera vendere di più sono posizionati all'altezza degli occhi o in zone di alta visibilità. Inoltre, l'uso di colori, luci e musica può creare un'atmosfera che incoraggia le persone a trascorrere più tempo nel negozio e a fare acquisti impulsivi. Ad esempio, la musica lenta può indurre i clienti a muoversi più lentamente e a spendere più tempo a esplorare i prodotti, aumentando le probabilità di acquisti non pianificati.

Nella progettazione degli spazi pubblici, la manipolazione ambientale è utilizzata per controllare il flusso delle persone e influenzare il loro comportamento. Un esempio comune è l'uso delle scale mobili e degli ascensori nei centri commerciali. Le scale mobili sono spesso posizionate strategicamente per condurre i clienti attraverso aree specifiche, aumentando l'esposizione ai negozi e ai prodotti. Inoltre, la disposizione dei banchi nei ristoranti fast food è progettata per massimizzare il flusso di clienti, incoraggiando un rapido turnover dei tavoli e aumentando l'efficienza del servizio.

La manipolazione visiva è anche evidente nei media e nelle notizie. Le immagini e i video utilizzati nelle notizie sono selezionati per evocare emozioni specifiche e per influenzare la percezione degli eventi. Ad esempio, la scelta di mostrare immagini di violenza o disastri naturali può suscitare paura e ansia nel pubblico, influenzando le opinioni sulle politiche di sicurezza o sugli interventi governativi. Allo stesso modo, l'uso di immagini di persone felici e sorridenti in contesti positivi può creare un senso di ottimismo e approvazione verso determinate iniziative o prodotti.

Un'altra forma di manipolazione visiva si trova nei social media, dove le piattaforme utilizzano algoritmi per selezionare e presentare contenuti che mantengano gli utenti impegnati il più a lungo possibile. Le immagini e i video che suscitano forti reazioni emotive, siano esse positive o negative, sono spesso promossi dagli algoritmi perché tendono a generare più interazioni. Questo può creare una visione distorta della realtà, dove gli utenti sono esposti a contenuti estremi o polarizzanti che influenzano le loro opinioni e comportamenti.

Anche il design dei siti web e delle applicazioni mobili è un esempio di manipolazione visiva e ambientale. Le interfacce utente sono progettate per guidare l'attenzione degli utenti verso azioni specifiche, come fare clic su un pulsante, effettuare un acquisto o iscriversi a un servizio. Gli elementi visivi come i colori, le dimensioni dei pulsanti e la disposizione delle informazioni sono tutti studiati per massimizzare l'engagement e le conversioni. Ad esempio, l'uso di colori accattivanti come il rosso per i pulsanti di acquisto può aumentare la probabilità che gli utenti completino un acquisto.

Inoltre, la manipolazione ambientale può influenzare il comportamento in ambienti lavorativi e scolastici. La disposizione dei mobili, l'illuminazione e l'uso dei colori possono influenzare la produttività, la creatività e il benessere degli individui. Ad esempio, uffici progettati con spazi aperti e colori vivaci possono promuovere la collaborazione e la comunicazione, mentre ambienti con illuminazione naturale possono migliorare l'umore e la concentrazione. La manipolazione visiva e ambientale è una pratica diffusa che utilizza il design degli spazi e le immagini per influenzare il comportamento e le decisioni delle persone. Attraverso esempi nel marketing, nella progettazione degli spazi pubblici, nei media e nei social media, è evidente come queste tecniche possano orientare le nostre azioni in modi sottili ma efficaci.

L'ambiente fisico ha un impatto significativo sulle percezioni e le decisioni delle persone, influenzando il loro comportamento in modi sottili ma potenti. Architetti, designer e marketer utilizzano varie tecniche per modellare l'ambiente e guidare le azioni delle persone, spesso senza che queste se ne rendano conto. Comprendere come l'ambiente fisico può essere manipolato per influenzare le percezioni e le decisioni è essenziale per riconoscere queste dinamiche nella vita quotidiana.

Un esempio evidente di come l'ambiente fisico influenzi le decisioni si trova nel design dei negozi. I supermercati e i centri commerciali sono progettati con attenzione per massimizzare le vendite. La disposizione degli scaffali, l'illuminazione, i colori e persino la musica sono scelti strategicamente per creare un'esperienza di acquisto che incoraggia i consumatori a spendere di più. Prodotti di impulso come caramelle e riviste sono spesso posizionati vicino alle casse per sfruttare le decisioni d'acquisto dell'ultimo minuto. Inoltre, i prodotti più costosi o quelli che si desidera vendere di più sono posizionati all'altezza degli occhi, mentre gli articoli di base, come latte e pane, sono spesso collocati in zone meno accessibili per indurre i clienti a passare attraverso l'intero negozio, aumentando così la probabilità di acquisti impulsivi.

L'illuminazione è un altro elemento chiave che può influenzare le percezioni e le decisioni. Luce calda e soffusa può creare un'atmosfera accogliente e rilassante, invitando i clienti a trascorrere più tempo in un negozio o in un ristorante. Al contrario, l'illuminazione brillante e direzionale può attirare l'attenzione su prodotti specifici, evidenziando promozioni o nuovi arrivi. Nei ristoranti, l'illuminazione è utilizzata per creare l'atmosfera desiderata: una luce tenue può promuovere un'esperienza culinaria intima e rilassata, mentre una luce più brillante può incentivare un rapido turnover dei tavoli.

I colori giocano un ruolo cruciale nel modo in cui percepiamo l'ambiente e prendiamo decisioni. Ad esempio, il rosso è spesso associato a emozioni intense come eccitazione e urgenza, motivo per cui viene utilizzato nei saldi e nelle promozioni. Il blu, al contrario, è considerato un colore calmante e può essere utilizzato in ambienti che richiedono tranquillità e concentrazione, come uffici e sale d'attesa. Il verde, associato alla natura e alla freschezza, è spesso utilizzato per promuovere una sensazione di benessere e salute, come nei negozi di alimenti biologici e nelle palestre. Queste associazioni cromatiche influenzano le emozioni e possono guidare le decisioni d'acquisto.

La disposizione dei mobili e la configurazione dello spazio fisico sono altre tecniche utilizzate per influenzare il comportamento. In ambienti lavorativi, uffici open space sono progettati per promuovere la collaborazione e la comunicazione tra i dipendenti, mentre uffici privati possono offrire un senso di privacy e concentrazione. Nelle scuole, la disposizione delle aule può influenzare il modo in cui gli studenti interagiscono e apprendono: le aule disposte in modo circolare possono promuovere la discussione e la partecipazione attiva, mentre le disposizioni tradizionali in file possono favorire l'attenzione frontale e la disciplina.

Gli spazi pubblici sono spesso progettati per influenzare il flusso di persone e il loro comportamento. Le piazze, i parchi e le strade pedonali sono configurati per creare un senso di comunità e incoraggiare l'interazione sociale. Ad esempio, panchine e aree di sosta strategicamente posizionate possono invitare le persone a fermarsi e socializzare, mentre sentieri ben definiti guidano il movimento delle persone attraverso lo spazio. Inoltre, l'uso di barriere fisiche come recinzioni e siepi può controllare l'accesso a determinate aree, influenzando il comportamento e la percezione della sicurezza.

Anche negli aeroporti, l'ambiente fisico è progettato per influenzare il comportamento dei viaggiatori. I percorsi sono chiaramente segnalati per guidare i passeggeri attraverso i vari controlli di sicurezza e le aree di attesa, riducendo lo stress e migliorando l'efficienza del flusso di persone. Le aree duty-free sono posizionate strategicamente dopo i controlli di sicurezza per massimizzare le vendite, sfruttando il tempo di attesa dei passeggeri.

L'uso della tecnologia integrata nell'ambiente fisico è un'area emergente che influenza sempre di più le percezioni e le decisioni. I chioschi interattivi, le segnaletiche digitali e le applicazioni mobili personalizzate forniscono informazioni in tempo reale e offerte personalizzate, guidando le decisioni di acquisto e migliorando l'esperienza complessiva. Ad esempio, le applicazioni di navigazione all'interno dei centri commerciali possono guidare i clienti verso negozi specifici o promozioni, influenzando direttamente il loro percorso e le loro scelte d'acquisto. Un esempio fondamentale di manipolazione visiva è l'uso della fotografia e del fotoritocco nelle pubblicità. Le immagini di prodotti e modelli sono spesso ritoccate per apparire perfette e irraggiungibili, creando un ideale di bellezza o di qualità che è impossibile da ottenere nella realtà. Questo è particolarmente evidente nelle pubblicità di prodotti di bellezza e moda, dove i modelli vengono modificati per avere pelle perfetta, corpi snelli e proporzioni ideali. Queste immagini creano aspettative irrealistiche nei consumatori, spingendoli a comprare prodotti nella speranza di avvicinarsi a questi standard irraggiungibili. La disposizione degli elementi visivi all'interno delle pubblicità è un'altra tecnica di manipolazione. La composizione visiva segue spesso la regola dei terzi, una tecnica di design che divide l'immagine in nove parti uguali, posizionando gli elementi più importanti lungo queste linee o ai loro incroci. Questo metodo guida naturalmente l'occhio dello spettatore verso i punti focali, rendendo l'immagine più armoniosa e attraente. Inoltre, le aziende utilizzano gerarchie visive per enfatizzare determinati messaggi o caratteristiche del prodotto. Elementi come titoli in grassetto, immagini di grandi dimensioni e colori contrastanti sono utilizzati per catturare l'attenzione e comunicare l'importanza di specifiche informazioni.

Le tecniche di illusione ottica sono anche utilizzate nel design pubblicitario per attirare e mantenere l'attenzione del pubblico. Queste tecniche creano un senso di movimento o di profondità che può rendere un annuncio più coinvolgente e memorabile. Ad esempio, l'uso di prospettive forzate o di immagini che sembrano uscire dalla pagina può creare un effetto sorprendente che cattura l'occhio e stimola la curiosità. Questi elementi visivi possono anche incoraggiare i consumatori a interagire con la pubblicità, aumentando l'efficacia del messaggio.

La tipografia gioca un ruolo cruciale nelle strategie di manipolazione visiva. La scelta del font, la dimensione dei caratteri e la spaziatura tra le lettere possono influenzare il modo in cui un messaggio viene percepito. Font eleganti e moderni possono trasmettere un senso di lusso e qualità, mentre caratteri più semplici e leggibili possono suggerire affidabilità e chiarezza.

La disposizione della tipografia può anche guidare l'attenzione del lettore attraverso l'annuncio, assicurando che i punti chiave vengano notati e ricordati. Le immagini di contesto sono spesso utilizzate per creare un'associazione positiva con il prodotto. Ad esempio, una pubblicità di bevande potrebbe mostrare il prodotto in un ambiente festoso e gioioso, suggerendo che bere quella bevanda porta felicità e divertimento. Queste immagini evocative sfruttano le emozioni dei consumatori, creando una connessione subconscia tra il prodotto e le esperienze positive. Questo tipo di manipolazione visiva può essere particolarmente potente, poiché le emozioni giocano un ruolo cruciale nelle decisioni d'acquisto.

Le tecniche di animazione e video sono diventate sempre più prevalenti nelle pubblicità digitali. Le animazioni possono rendere un annuncio più dinamico e accattivante, catturando l'attenzione degli spettatori più a lungo rispetto a un'immagine statica. I video pubblicitari possono raccontare storie coinvolgenti che suscitano emozioni e creano un legame emotivo con il marchio. L'uso di transizioni fluide, effetti speciali e narrazioni visive aiuta a mantenere l'interesse e a comunicare il messaggio in modo più efficace. Le strategie pubblicitarie e di design che sfruttano la manipolazione visiva sono sofisticate e ampiamente utilizzate per influenzare le percezioni e le decisioni dei consumatori. Attraverso l'uso di tecniche come la fotografia ritoccata, la scelta dei colori, la composizione visiva, le illusioni ottiche, la tipografia e le immagini di contesto, le aziende possono creare annunci che catturano l'attenzione, evocano emozioni e orientano il comportamento d'acquisto.

La manipolazione visiva e ambientale ha effetti profondi sulla psiche individuale e collettiva, influenzando non solo le decisioni di acquisto, ma anche il modo in cui le persone percepiscono sé stesse, gli altri e il mondo circostante. Questi effetti possono essere sia immediati che a lungo termine, incidendo sul benessere mentale, sulle relazioni sociali e sulla cultura di una società.

A livello individuale, la manipolazione visiva può alterare significativamente l'autostima e l'immagine di sé. L'esposizione continua a immagini ritoccate e ideali irrealistici di bellezza, spesso presenti nei media e nella pubblicità, può portare le persone a confrontarsi negativamente con questi standard irraggiungibili. Questo può generare insicurezza, ansia e insoddisfazione corporea, contribuendo a disturbi alimentari, depressione e bassa autostima. Le immagini perfettamente curate dei social media, dove le persone mostrano solo i momenti più belli e filtrati della loro vita, possono creare un senso di inadeguatezza e isolamento, poiché gli individui confrontano la propria realtà quotidiana con una versione idealizzata della vita degli altri. A livello collettivo, la manipolazione visiva può influenzare le opinioni pubbliche e le dinamiche sociali. Le campagne pubblicitarie e i media utilizzano immagini e tecniche visive per modellare la percezione di eventi, persone e prodotti. Questo può contribuire alla formazione di stereotipi e pregiudizi, influenzando le interazioni sociali e la coesione comunitaria. Ad esempio, la rappresentazione mediatica di certi gruppi etnici o sociali in modo negativo può alimentare pregiudizi e discriminazioni, mentre la glorificazione di determinati stili di vita può creare divisioni socioeconomiche e culturali. L'uso di tecniche di manipolazione visiva nelle campagne politiche e mediatiche può plasmare l'opinione pubblica e influenzare le decisioni politiche. Immagini potenti e ben curate possono evocare emozioni forti, come paura, speranza o indignazione, che possono mobilitare o demobilitare interi segmenti della popolazione. Questo tipo di manipolazione può minare la fiducia nel processo democratico, creando polarizzazione e diffidenza tra diversi gruppi sociali. La manipolazione visiva può anche essere utilizzata per diffondere disinformazione e propaganda, manipolando la percezione della realtà e influenzando il comportamento elettorale.

Inoltre, l'ambiente digitale e le piattaforme di social media sono campi fertili per la manipolazione visiva. Algoritmi sofisticati selezionano e presentano contenuti che mantengono gli utenti impegnati e influenzano le loro opinioni e comportamenti. Le bolle di filtraggio, create dalle preferenze e dai comportamenti passati degli utenti, possono limitare l'esposizione a punti di vista diversi, rafforzando le convinzioni preesistenti e polarizzando ulteriormente la società. Questo può avere effetti deleteri sulla discussione pubblica e sulla capacità delle persone di comprendere e valutare criticamente le informazioni.

Gli effetti della manipolazione visiva e ambientale si estendono alla cultura e ai valori di una società. La costante esposizione a immagini che promuovono il consumismo, l'idealizzazione della bellezza e la glorificazione del successo materiale può influenzare i valori collettivi, spostando l'enfasi dalla comunità e dal benessere collettivo a un individualismo sfrenato e alla competizione. Questo può erodere il tessuto sociale, riducendo la solidarietà e l'empatia tra le persone.

La manipolazione visiva e ambientale ha effetti profondi e pervasivi sulla psiche individuale e collettiva. Da un lato, può alterare l'autostima, le percezioni e il comportamento individuali; dall'altro, può plasmare le opinioni pubbliche, influenzare le dinamiche sociali e culturali e determinare il benessere mentale e fisico della popolazione. Difendersi dalla manipolazione visiva e ambientale richiede un insieme di strategie che favoriscano la consapevolezza e il pensiero critico. È fondamentale sviluppare abilità che permettano di riconoscere e contrastare le influenze manipolative nel nostro ambiente quotidiano. Ecco alcune tecniche che possono aiutare a mantenere una mente vigile e autonoma.

In primo luogo, è essenziale istruirsi sulle tecniche di manipolazione visiva. Conoscere le strategie utilizzate nella pubblicità, nei media e nel design degli spazi può rendere più facile identificare i tentativi di manipolazione. La lettura di libri e articoli specializzati, la partecipazione a workshop e corsi online possono offrire una comprensione approfondita delle tattiche manipolative. L'educazione continua permette di sviluppare una consapevolezza critica e di riconoscere le influenze manipolative con maggiore facilità.

L'analisi critica dei contenuti mediatici è un'altra tecnica importante. Esaminare le immagini, i video e i messaggi pubblicitari con uno sguardo attento e analitico aiuta a individuare le manipolazioni. Confrontare le informazioni provenienti da diverse fonti e cercare punti di vista alternativi consente di avere una visione più equilibrata e di smascherare eventuali tentativi di distorsione della realtà. Riflettere su chi è il mittente del messaggio, quale potrebbe essere il suo scopo e quali emozioni cerca di evocare può rivelare molto sulle intenzioni manipolative.

Ridurre l'esposizione a contenuti manipolativi è una pratica utile. Limitare il tempo trascorso sui social media e selezionare con cura le fonti di informazione possono aiutare a evitare l'influenza di messaggi manipolativi. Utilizzare strumenti per il controllo del tempo e delle notifiche può contribuire a gestire meglio l'esposizione ai contenuti manipolativi, favorendo un ambiente informativo più sano e meno stressante.

La mindfulness, o consapevolezza, è un'altra tecnica efficace. Essere presenti nel momento e osservare le proprie reazioni senza giudizio può aiutare a riconoscere quando si è influenzati da una manipolazione visiva o ambientale. Praticare tecniche come la meditazione, la respirazione consapevole e tenere un diario delle proprie emozioni può migliorare la consapevolezza emotiva, rendendo più facile individuare le manipolazioni e reagire in modo equilibrato.

Stabilire confini chiari è fondamentale per proteggersi dalla manipolazione. Questo può includere la creazione di spazi fisici che favoriscano il benessere, come mantenere la casa ordinata e priva di eccessi di stimoli visivi. Anche in ambito lavorativo, organizzare lo spazio in modo da ridurre le distrazioni e promuovere la produttività può essere molto utile. Stabilire limiti nell'uso dei dispositivi digitali, come spegnere le notifiche durante il lavoro o limitare l'uso dei social media a determinati momenti, può aiutare a mantenere la chiarezza mentale. Coltivare il pensiero critico attraverso l'analisi e la riflessione è essenziale. Porsi domande critiche su ciò che si vede e si sperimenta, come "Chi ha creato questo messaggio?", "Qual è il loro obiettivo?" e "Quali tecniche stanno utilizzando per influenzarmi?" aiuta a sviluppare una mente più resiliente alle manipolazioni. Partecipare a discussioni e dibattiti può anche rafforzare le proprie capacità critiche, offrendo l'opportunità di esplorare diversi punti di vista e di affinare le proprie argomentazioni. Infine, cercare il sostegno di una comunità o di gruppi di discussione può essere molto utile. Condividere esperienze e riflessioni con altre persone può offrire nuove prospettive e rafforzare la capacità di riconoscere la manipolazione. Partecipare a gruppi di lettura, club di discussione o forum online può fornire un ambiente di supporto dove esplorare e sfidare le proprie idee in modo costruttivo.

Le Tenebre del Potere: Psicologia Nera e Politica

La psicologia nera, con il suo focus sulle tecniche di manipolazione e controllo mentale, trova un terreno fertile nel contesto politico e istituzionale. I politici e le istituzioni spesso utilizzano queste tecniche per influenzare l'opinione pubblica, ottenere consenso e mantenere il potere. Esplorare la psicologia nera in questo contesto permette di comprendere meglio come le dinamiche di potere e manipolazione possano modellare le società e i comportamenti collettivi.

Una delle tecniche più comuni utilizzate nella psicologia nera in politica è il controllo dell'informazione. Le istituzioni politiche spesso manipolano l'informazione per orientare le percezioni del pubblico. Questo può includere la selezione strategica delle notizie, l'omissione di dettagli rilevanti o la diffusione di disinformazione. Ad esempio, un governo potrebbe enfatizzare successi economici minori per distogliere l'attenzione dai problemi maggiori. Allo stesso modo, i politici possono utilizzare il framing per presentare le loro politiche in una luce positiva, anche quando queste potrebbero avere effetti negativi. Il controllo dell'informazione permette di modellare la realtà percepita dal pubblico, influenzando le opinioni e le decisioni degli elettori.

Un'altra tecnica è l'uso della propaganda, che sfrutta la ripetizione e il richiamo emotivo per cementare idee specifiche nella mente del pubblico. La propaganda politica spesso utilizza simboli, slogan e immagini potenti per evocare emozioni come patriottismo, paura o speranza. Ad esempio, durante periodi di conflitto, i governi possono usare immagini di soldati eroici e bandiere nazionali per suscitare un senso di unità e sacrificio, giustificando così le loro azioni militari. La propaganda è progettata per bypassare il pensiero critico e stimolare risposte emotive immediate, rendendo il pubblico più suscettibile alla manipolazione.

La psicologia nera è anche evidente nelle campagne elettorali, dove le tecniche di persuasione sono utilizzate per influenzare il voto. I politici possono utilizzare il microtargeting, che sfrutta i dati personali degli elettori per inviare messaggi altamente personalizzati. Questi messaggi possono essere costruiti per risuonare con le paure, i desideri e i valori individuali, aumentando l'efficacia della persuasione. Ad esempio, un candidato può inviare messaggi diversi a gruppi demografici differenti, enfatizzando temi di sicurezza a elettori anziani e promesse di lavoro a elettori giovani. Questo approccio manipolativo sfrutta le vulnerabilità psicologiche dei singoli elettori per ottenere supporto.

La creazione di nemici comuni è un'altra tecnica di manipolazione politica che sfrutta la psicologia nera. Identificare un gruppo o un individuo come una minaccia comune può unire il pubblico dietro un leader o una politica specifica. Questa tecnica si basa sull'amplificazione della paura e dell'odio, che possono essere strumenti potenti per manipolare il comportamento collettivo. Ad esempio, i politici possono demonizzare immigrati, minoranze o oppositori politici, presentandoli come pericoli per la sicurezza nazionale o i valori culturali. Questo crea un senso di "noi contro loro", che può essere utilizzato per giustificare politiche repressive o ottenere consenso.

Le tecniche di manipolazione emotiva sono frequentemente utilizzate anche nei discorsi politici. I leader possono utilizzare storie personali, aneddoti commoventi e appelli emotivi per creare una connessione con il pubblico. Questi discorsi sono spesso progettati per evocare empatia, compassione o indignazione, influenzando le emozioni degli ascoltatori e rendendoli più inclini a sostenere determinate politiche o candidati. Ad esempio, raccontare storie di individui che hanno beneficiato di una politica sociale può suscitare sostegno emotivo per tale politica, anche se i dati oggettivi potrebbero non supportarla pienamente.

La manipolazione delle relazioni internazionali è un altro esempio di psicologia nera in politica. I governi possono utilizzare la diplomazia, le alleanze e le minacce per manipolare altri stati. Questo può includere la diffusione di disinformazione, il sabotaggio delle economie straniere o l'uso della pressione diplomatica per ottenere vantaggi politici. Ad esempio, un governo potrebbe diffondere false informazioni su un avversario per isolare quel paese a livello internazionale, o utilizzare sanzioni economiche per costringere un cambiamento di politica.

La psicologia nera nelle istituzioni si manifesta anche attraverso la burocrazia e il controllo dei cittadini. Le istituzioni possono utilizzare la burocrazia eccessiva per confondere e demoralizzare i cittadini, rendendo difficile l'accesso a diritti e servizi. Ad esempio, procedure complicate e lunghe attese possono essere utilizzate per scoraggiare le persone dal partecipare a processi politici o ottenere benefici sociali. Questo tipo di manipolazione crea una sensazione di impotenza e frustrazione, mantenendo il controllo istituzionale e limitando la resistenza.

La psicologia nera nel contesto politico e istituzionale utilizza una varietà di tecniche manipolative per influenzare l'opinione pubblica, ottenere consenso e mantenere il potere. Attraverso il controllo dell'informazione, la propaganda, il microtargeting, la creazione di nemici comuni, la manipolazione emotiva e il controllo burocratico, i politici e le istituzioni possono modellare le percezioni e i comportamenti collettivi. I leader politici e i regimi autoritari spesso ricorrono a strategie di manipolazione psicologica per consolidare il loro potere e controllare la popolazione. Queste tecniche possono essere sottili o esplicite e sono progettate per influenzare le percezioni, le emozioni e i comportamenti delle persone, rendendole più conformi e meno inclini a resistere. Analizzare queste strategie rivela come la psicologia nera venga applicata su vasta scala per mantenere il controllo e sopprimere il dissenso.

Una delle strategie più comuni è la creazione di un culto della personalità. I leader autoritari si presentano come figure quasi divine, infallibili e indispensabili per il benessere della nazione. Questo processo di deificazione è spesso accompagnato da propaganda massiccia, che include statue, ritratti, monumenti e narrazioni eroiche che esaltano le gesta del leader. L'obiettivo è creare un legame emotivo tra il leader e il popolo, instillando un senso di lealtà e devozione. Ad esempio, durante il regime di Kim Jong-il in Corea del Nord, la propaganda ha creato un'immagine del leader come una figura paterna benevola e onnipotente, indispensabile per la sicurezza e il progresso del paese.

La propaganda è un altro strumento fondamentale utilizzato dai regimi autoritari. Attraverso il controllo dei media, questi leader possono manipolare l'informazione, diffondendo messaggi che rinforzano la loro legittimità e demonizzano i loro oppositori. La propaganda spesso sfrutta tecniche di ripetizione e semplificazione per rendere i messaggi più persuasivi e memorabili. Ad esempio, il regime nazista in Germania ha utilizzato la propaganda per diffondere l'ideologia razzista e giustificare le sue politiche di persecuzione e guerra. Attraverso film, poster, giornali e discorsi, i nazisti hanno plasmato l'opinione pubblica, instillando paura e odio nei confronti di gruppi specifici.

Il controllo dell'informazione è cruciale per mantenere il potere nei regimi autoritari. Questi leader limitano l'accesso a informazioni indipendenti, censurando notizie e opinioni che potrebbero minacciare la loro autorità. Attraverso la sorveglianza e la repressione, i regimi monitorano e puniscono chi diffonde informazioni scomode. Ad esempio, in Cina, il governo esercita un rigoroso controllo su internet e i media, censurando contenuti che criticano il Partito Comunista e punendo i dissidenti. Questo crea un ambiente in cui è difficile per le persone ottenere informazioni accurate e formare opinioni indipendenti.

La paura è un potente strumento di manipolazione psicologica utilizzato dai regimi autoritari per controllare la popolazione. Attraverso la repressione violenta, le minacce e le punizioni esemplari, i leader possono instillare un senso di terrore che dissuade le persone dal contestare il loro potere. Gli arresti arbitrari, le torture, le esecuzioni e la scomparsa di dissidenti sono metodi utilizzati per mantenere la popolazione in uno stato di costante ansia e sottomissione. Ad esempio, durante il regime di Pinochet in Cile, migliaia di persone furono arrestate, torturate e uccise, creando un clima di paura che impediva qualsiasi forma di resistenza organizzata.

La disinformazione e le fake news sono strumenti utilizzati per confondere e dividere la popolazione. Diffondendo informazioni false o distorte, i leader autoritari possono creare incertezza e sospetto tra i cittadini, impedendo loro di formare una resistenza unita. La disinformazione può essere utilizzata per screditare oppositori politici, creare divisioni etniche o religiose e giustificare azioni repressive. Ad esempio, la Russia ha utilizzato campagne di disinformazione per influenzare l'opinione pubblica sia a livello nazionale che internazionale, diffondendo notizie false per destabilizzare avversari e consolidare il proprio potere.

L'uso delle tecniche di isolamento è un'altra strategia di manipolazione psicologica. I regimi autoritari possono isolare individui o gruppi considerati una minaccia, separandoli fisicamente e psicologicamente dal resto della popolazione. Questo isolamento può essere ottenuto attraverso la prigione, l'esilio, la sorveglianza continua o la propaganda che stigmatizza e demonizza gli oppositori. L'isolamento riduce la capacità degli individui di organizzarsi e resistere, aumentando la loro vulnerabilità alla manipolazione.

La creazione di nemici esterni e interni è una strategia utilizzata per unire la popolazione attorno al leader e giustificare politiche repressive. Identificare un nemico comune, che sia una minoranza etnica, un gruppo religioso, o un'entità straniera, permette ai leader di distrarre l'attenzione dai problemi interni e di rafforzare il proprio controllo. Questo è spesso accompagnato da una retorica che enfatizza la minaccia alla sicurezza nazionale e la necessità di misure straordinarie per proteggere il paese.

La manipolazione emotiva attraverso la retorica e i discorsi è una pratica comune nei regimi autoritari. I leader utilizzano discorsi emotivi per evocare sentimenti di paura, odio, patriottismo e speranza, manipolando così le emozioni del pubblico per ottenere consenso. Questa tecnica sfrutta la vulnerabilità emotiva delle persone, rendendole più suscettibili alla manipolazione e meno inclini a mettere in discussione le azioni del regime.

La psicologia nera, con le sue tecniche di manipolazione e controllo, può avere effetti devastanti anche sulla democrazia e sui diritti umani. L'uso di queste strategie nei contesti politici e istituzionali mina i principi fondamentali della democrazia, erode le libertà civili e compromette i diritti umani. Esplorare questi effetti aiuta a comprendere come la manipolazione psicologica possa indebolire le istituzioni democratiche e violare i diritti fondamentali delle persone.

Uno dei principali effetti della psicologia nera sulla democrazia è l'erosione della fiducia pubblica nelle istituzioni democratiche. Quando i leader politici utilizzano tecniche manipolative, come la disinformazione e la propaganda, per ottenere consenso, la fiducia del pubblico nel processo democratico viene compromessa. I cittadini diventano cinici e diffidenti nei confronti dei loro rappresentanti e delle istituzioni governative, credendo che queste siano corrotte e manipolatorie. Questo cinismo può portare a una diminuzione della partecipazione elettorale e al disimpegno politico, indebolendo ulteriormente il sistema democratico.

La manipolazione psicologica può anche minare la libertà di espressione, un pilastro fondamentale della democrazia. I governi autoritari spesso utilizzano la censura, la sorveglianza e la repressione per controllare il flusso di informazioni e limitare la diffusione di opinioni dissenzienti. Attraverso queste tecniche, i regimi autoritari sopprimono il dibattito pubblico e impediscono ai cittadini di esprimere liberamente le proprie opinioni. Questo crea un clima di paura e autocensura, dove le persone evitano di parlare apertamente per timore di ritorsioni. La mancanza di libertà di espressione impedisce un confronto sano e costruttivo delle idee, che è essenziale per il funzionamento di una democrazia.

I diritti umani sono spesso violati quando i governi utilizzano la psicologia nera per mantenere il controllo. Le tecniche di manipolazione psicologica, come la creazione di nemici comuni e la diffusione della paura, giustificano spesso politiche repressive che violano i diritti fondamentali. Ad esempio, la criminalizzazione delle minoranze etniche, religiose o politiche è una pratica comune nei regimi autoritari che cercano di consolidare il proprio potere. Queste politiche non solo discriminano e marginalizzano gruppi vulnerabili, ma possono anche portare a violenze, arresti arbitrari, torture e altre forme di abuso.

L'uso della propaganda e della disinformazione per manipolare l'opinione pubblica può anche compromettere la qualità dell'informazione disponibile, ostacolando la capacità dei cittadini di prendere decisioni informate. In una democrazia sana, l'accesso a informazioni accurate e imparziali è essenziale per un elettorato informato. Tuttavia, quando i governi manipolano i media e diffondono notizie false o distorte, i cittadini ricevono una visione distorta della realtà. Questo può portare a scelte elettorali basate su informazioni ingannevoli, danneggiando il processo democratico e portando al potere leader che non riflettono i veri interessi del popolo.

La psicologia nera può anche influenzare negativamente il pluralismo politico, che è fondamentale per una democrazia funzionale. I leader autoritari utilizzano spesso tecniche manipolative per eliminare l'opposizione politica e consolidare il loro potere. Questo può includere la repressione dei partiti di opposizione, la manipolazione delle elezioni e l'intimidazione degli attivisti politici. Senza una vera competizione politica, la democrazia si trasforma in una farsa, dove il potere rimane concentrato nelle mani di pochi, e i cittadini sono privati della possibilità di scegliere liberamente i loro rappresentanti.

La manipolazione psicologica può avere effetti a lungo termine sulla cultura politica di una società. Quando le tecniche manipolative diventano la norma, possono creare una cultura di conformismo e obbedienza, dove il dissenso è scoraggiato e punito. Questo ambiente ostile al pensiero critico e alla partecipazione attiva può indebolire le fondamenta della democrazia, rendendo più facile per i regimi autoritari mantenere il controllo. I cittadini, abituati a essere manipolati, possono diventare apatici e disillusi, accettando passivamente le decisioni del governo senza mettere in discussione la loro legittimità.

Contrastare la psicologia nera nel contesto politico e promuovere una leadership etica e trasparente richiede un impegno concertato a vari livelli, inclusi educazione civica, riforme istituzionali, responsabilizzazione dei leader e coinvolgimento attivo dei cittadini. Ecco alcune strategie chiave per affrontare queste sfide e favorire un ambiente politico più sano e responsabile.

Una delle prime strategie è migliorare l'educazione civica. I cittadini informati e consapevoli sono meno suscettibili alle manipolazioni psicologiche. I programmi educativi dovrebbero includere corsi sulla comprensione delle tecniche di manipolazione, l'analisi critica dei media e la valutazione delle informazioni. Le scuole e le università possono svolgere un ruolo fondamentale nell'insegnare agli studenti come riconoscere la propaganda, le fake news e altre forme di manipolazione psicologica. Questo tipo di educazione può anche promuovere il pensiero critico, incoraggiando gli individui a mettere in discussione le informazioni che ricevono e a cercare fonti affidabili.

Riforme istituzionali sono necessarie per garantire la trasparenza e la responsabilità nella governance. Ciò include la promozione di leggi e regolamenti che richiedano la divulgazione delle fonti di finanziamento delle campagne politiche, la trasparenza nelle decisioni governative e l'accesso pubblico ai documenti ufficiali. I governi dovrebbero istituire organismi indipendenti di vigilanza che monitorino e denuncino eventuali abusi di potere, corruzione e manipolazioni. La trasparenza e la responsabilità istituzionale sono essenziali per costruire la fiducia dei cittadini nelle loro istituzioni democratiche.

La promozione di una leadership etica è un'altra componente fondamentale. I leader politici dovrebbero essere selezionati e valutati non solo per le loro competenze, ma anche per la loro integrità e impegno verso principi etici. Partiti politici e organizzazioni civiche dovrebbero adottare codici di condotta etici e istituire meccanismi per monitorare e far rispettare questi standard. La leadership etica implica anche l'impegno a non utilizzare tecniche manipolative e a promuovere un dialogo politico onesto e trasparente. I leader devono essere modelli di comportamento etico, dimostrando che è possibile ottenere il consenso e il supporto pubblico attraverso mezzi giusti e trasparenti.

La responsabilizzazione dei leader è cruciale per contrastare la psicologia nera. Questo può essere realizzato attraverso elezioni libere e giuste, dove i cittadini hanno il potere di rimuovere dal potere i leader che abusano delle loro posizioni. Inoltre, i media e le organizzazioni della società civile devono svolgere un ruolo attivo nel tenere i leader responsabili delle loro azioni. Il giornalismo investigativo e le inchieste indipendenti possono rivelare abusi di potere e manipolazioni, informando il pubblico e stimolando il cambiamento. La trasparenza e la responsabilità sono essenziali per prevenire l'abuso di potere e mantenere la fiducia pubblica nelle istituzioni democratiche.

Il coinvolgimento attivo dei cittadini è essenziale per promuovere una leadership etica e trasparente. I cittadini devono essere incoraggiati a partecipare attivamente alla vita politica e civica, attraverso il voto, la partecipazione a manifestazioni, la scrittura di petizioni e il volontariato in organizzazioni civiche. La partecipazione attiva aumenta la trasparenza e la responsabilità, poiché i leader politici sono consapevoli che sono costantemente monitorati dai loro elettori. Inoltre, un elettorato attivo e informato è meno suscettibile alle manipolazioni psicologiche e più capace di riconoscere e resistere agli abusi di potere.

La promozione di un dibattito pubblico sano e inclusivo è un'altra strategia importante. Creare spazi per il dialogo aperto e rispettoso, dove le persone possono discutere idee e opinioni diverse senza timore di repressioni o manipolazioni, è essenziale per una democrazia funzionante. I media, le istituzioni educative e le organizzazioni civiche possono facilitare questi spazi, promuovendo il confronto costruttivo e la comprensione reciproca. Un dibattito pubblico inclusivo e rispettoso riduce la polarizzazione e favorisce la coesione sociale, rendendo più difficile per i leader manipolatori dividere e controllare la popolazione.

Infine, l'uso della tecnologia per promuovere la trasparenza e la responsabilità può essere un'arma potente contro la psicologia nera. Le piattaforme digitali possono essere utilizzate per monitorare e denunciare gli abusi di potere, facilitare l'accesso alle informazioni pubbliche e organizzare movimenti civici. Ad esempio, le piattaforme di trasparenza governativa possono rendere pubblici i bilanci e le decisioni politiche, permettendo ai cittadini di monitorare le azioni dei loro rappresentanti. Le tecnologie digitali possono anche facilitare la comunicazione e la mobilitazione dei cittadini, rafforzando la partecipazione civica e la responsabilità.

In conclusione, contrastare la psicologia nera nel contesto politico e promuovere una leadership etica e trasparente richiede un approccio multifaceted che coinvolga l'educazione civica, le riforme istituzionali, la responsabilizzazione dei leader, il coinvolgimento attivo dei cittadini, il dibattito pubblico inclusivo e l'uso della tecnologia. Implementare queste strategie può aiutare a costruire un ambiente politico più sano e responsabile, dove i principi democratici e i diritti umani sono rispettati e valorizzati.

La Lotta Contro le Tenebre: Affrontare e Guarire dalle Manipolazioni Psicologiche

La guarigione dalle manipolazioni psicologiche richiede un approccio terapeutico multidimensionale, che affronti sia gli effetti emotivi e psicologici a breve termine, sia le conseguenze a lungo termine di tali manipolazioni. Questo processo terapeutico si basa su diverse fasi e tecniche, ciascuna delle quali è mirata a ripristinare la salute mentale e il benessere dell'individuo.

Il primo passo nel trattamento è il riconoscimento e la consapevolezza. Spesso, le persone che sono state manipolate psicologicamente non sono pienamente consapevoli dell'estensione della manipolazione. Il terapeuta aiuta il paziente a identificare e comprendere le tecniche manipolative utilizzate contro di lui. Questo processo può coinvolgere la discussione di esperienze specifiche, la revisione dei comportamenti manipolativi e la lettura di materiali educativi. La consapevolezza è un primo passo cruciale perché permette al paziente di iniziare a prendere le distanze dalle influenze manipolative e a riconoscere la propria autonomia.

Una volta che la consapevolezza è stata stabilita, il passo successivo è la ricostruzione dell'autostima. La manipolazione psicologica spesso erode la fiducia in sé stessi e l'autostima della vittima. Attraverso varie tecniche terapeutiche, il paziente può lavorare per ricostruire un senso di valore personale. La terapia cognitivo-comportamentale (CBT) è particolarmente efficace in questo contesto. La CBT aiuta i pazienti a identificare e modificare i pensieri negativi e distorti su sé stessi, sostituendoli con credenze più positive e realistiche. Esercizi di rinforzo positivo e tecniche di auto-compassione possono essere integrati per rafforzare l'autostima.

Il rafforzamento delle competenze di coping è un'altra componente fondamentale del trattamento. Le persone che sono state manipolate psicologicamente spesso hanno bisogno di sviluppare nuove strategie per affrontare lo stress e le situazioni difficili. Il terapeuta può insegnare tecniche di gestione dello stress, come la meditazione, la mindfulness e la respirazione profonda. Inoltre, il paziente può apprendere abilità di problem-solving e tecniche di gestione del conflitto che lo aiutano a navigare meglio nelle relazioni interpersonali senza cadere vittima di manipolazioni future.

La terapia focalizzata sul trauma può essere necessaria per chi ha subito manipolazioni psicologiche particolarmente severe o prolungate. Questo tipo di terapia mira a trattare le cicatrici profonde lasciate da esperienze traumatiche. La terapia EMDR (Eye Movement Desensitization and Reprocessing) è una tecnica che può essere utilizzata per elaborare e integrare ricordi traumatici. Attraverso la stimolazione bilaterale, l'EMDR aiuta i pazienti a ridurre la carica emotiva associata ai ricordi traumatici e a sviluppare una visione più equilibrata delle esperienze passate.

Il supporto sociale è cruciale per la guarigione dalle manipolazioni psicologiche. Le vittime spesso si sentono isolate e possono aver perso fiducia nelle loro relazioni. Il terapeuta può aiutare il paziente a ricostruire una rete di supporto, incoraggiandolo a ristabilire contatti con amici e familiari di fiducia. Partecipare a gruppi di supporto può offrire un ambiente sicuro dove condividere esperienze e imparare dagli altri che hanno vissuto situazioni simili. Il supporto sociale fornisce un senso di appartenenza e rafforza il processo di guarigione.

L'educazione e la prevenzione sono componenti importanti del trattamento. Il terapeuta può educare il paziente su come riconoscere i segnali di manipolazione psicologica e su come stabilire confini sani nelle relazioni future. Questo include l'apprendimento di tecniche di comunicazione assertiva, che permettono al paziente di esprimere i propri bisogni e desideri senza paura di ritorsioni. La prevenzione è fondamentale per evitare ricadute e garantire che il paziente possa costruire relazioni sane e rispettose in futuro.

L'approccio terapeutico alla guarigione dalle manipolazioni psicologiche è complesso e richiede un intervento multidimensionale. La consapevolezza e il riconoscimento delle manipolazioni, la ricostruzione dell'autostima, il rafforzamento delle competenze di coping, la terapia focalizzata sul trauma, il supporto sociale e l'educazione preventiva sono tutti elementi chiave del processo di guarigione. Attraverso questo approccio integrato, i pazienti possono recuperare la loro autonomia, ripristinare la loro salute mentale e costruire un futuro più sano e resiliente.

La consapevolezza e l'autoanalisi sono strumenti fondamentali per superare le esperienze di manipolazione psicologica. Questi processi aiutano le vittime a comprendere la natura delle manipolazioni subite, a riconoscere i loro effetti e a sviluppare strategie per evitare future situazioni simili. La consapevolezza riguarda il riconoscimento cosciente delle dinamiche manipolative, mentre l'autoanalisi implica una riflessione profonda e sistematica sulle proprie esperienze e reazioni emotive.

La consapevolezza è il primo passo verso la guarigione. Riconoscere di essere stati manipolati è fondamentale per iniziare il processo di recupero. Questo può essere difficile, poiché la manipolazione spesso coinvolge inganni e distorsioni della realtà che possono lasciare la vittima confusa e dubbiosa. Il processo di consapevolezza richiede un'analisi attenta delle interazioni e delle relazioni passate, individuando i comportamenti manipolativi e comprendendo come questi abbiano influenzato le proprie percezioni e decisioni.

Un aspetto importante della consapevolezza è riconoscere i segnali di manipolazione. Questo può includere comportamenti come il gaslighting, la colpevolizzazione, l'uso di lusinghe e punizioni intermittenti, e l'isolamento sociale. Identificare questi segnali permette alle vittime di sviluppare una comprensione chiara delle tecniche utilizzate contro di loro, riducendo la confusione e l'auto-colpevolizzazione. Questo riconoscimento è fondamentale per ristabilire la fiducia in sé stessi e nelle proprie percezioni.

L'autoanalisi è un processo complementare alla consapevolezza, che coinvolge una riflessione approfondita sulle proprie esperienze e reazioni. Questo può essere facilitato attraverso varie tecniche, come il journaling, la meditazione e la terapia. Scrivere un diario permette di esaminare le proprie emozioni e pensieri in modo strutturato, identificando i modelli di comportamento manipolativo e le proprie risposte a questi. La meditazione, d'altra parte, aiuta a sviluppare la mindfulness, o consapevolezza presente, permettendo di osservare le proprie reazioni emotive senza giudizio e di riconoscere i propri trigger emotivi.

Un altro aspetto cruciale dell'autoanalisi è la comprensione dei propri bisogni e desideri. Le vittime di manipolazione spesso perdono di vista ciò che è importante per loro, essendo state costantemente guidate dalle esigenze del manipolatore. Riflettere su ciò che si desidera realmente nella vita e su quali sono i propri valori fondamentali aiuta a ristabilire un senso di direzione e di identità. Questo processo di auto-riflessione permette di prendere decisioni più consapevoli e di costruire relazioni basate sul rispetto reciproco e sulla trasparenza. La consapevolezza e l'autoanalisi non sono processi lineari; richiedono tempo e pazienza. È importante che le vittime di manipolazione comprendano che la guarigione è un viaggio continuo e che è normale incontrare ostacoli lungo il percorso. La pratica regolare di queste tecniche aiuta a rafforzare la resilienza emotiva e a costruire una maggiore fiducia nelle proprie capacità di riconoscere e affrontare la manipolazione.

Un ulteriore vantaggio della consapevolezza e dell'autoanalisi è la prevenzione di future manipolazioni. Essere consapevoli dei propri punti deboli e dei modelli di comportamento manipolativo permette di riconoscere più rapidamente le dinamiche tossiche nelle relazioni future. Questo consente di stabilire confini sani e di allontanarsi da situazioni potenzialmente dannose. Inoltre, la pratica della mindfulness aiuta a rimanere ancorati al presente e a rispondere alle situazioni in modo più equilibrato e ponderato. La consapevolezza e l'autoanalisi sono strumenti essenziali per superare le esperienze di manipolazione psicologica. Attraverso il riconoscimento dei segnali di manipolazione, la riflessione sulle proprie esperienze e l'esplorazione dei propri bisogni e desideri, le vittime possono ricostruire la loro autostima e autonomia.

L'esercizio fisico regolare è un'altra strategia efficace per affrontare i traumi emotivi. L'attività fisica rilascia endorfine, che migliorano l'umore e riducono lo stress. Inoltre, l'esercizio fisico può migliorare la qualità del sonno e aumentare l'energia, entrambi fattori importanti per il benessere emotivo. Scegliere attività che si trovano piacevoli e che possono essere integrate facilmente nella routine quotidiana può rendere più sostenibile l'impegno verso l'esercizio fisico.

L'auto-cura è un aspetto cruciale del coping. Prendersi del tempo per attività che portano gioia e rilassamento, come leggere, ascoltare musica, fare passeggiate nella natura o praticare hobby creativi, può aiutare a bilanciare le emozioni negative e a promuovere un senso di benessere. L'auto-cura aiuta a ricaricare le energie e a mantenere un equilibrio emotivo, riducendo l'impatto del trauma sulla vita quotidiana.

La scrittura terapeutica, come il journaling, può essere un potente strumento di coping. Scrivere delle proprie esperienze e dei propri sentimenti permette di elaborare le emozioni e di riflettere sulle esperienze passate in modo strutturato. Il journaling può aiutare a chiarire i pensieri, a identificare i modelli di comportamento e a monitorare i progressi nel processo di guarigione. Inoltre, la scrittura può servire come uno spazio sicuro per esprimere emozioni che possono essere difficili da condividere verbalmente.

L'empowerment individuale e la resilienza sono risposte fondamentali alla psicologia nera, ovvero alla manipolazione e al controllo psicologico esercitati su di noi. Questi concetti non solo aiutano le vittime a recuperare il loro senso di sé, ma le rendono anche più forti e meno vulnerabili alle future manipolazioni. Riflettere su come promuovere empowerment e resilienza può fornire strumenti preziosi per superare le esperienze traumatiche e costruire una vita più autonoma e sicura.

L'empowerment individuale riguarda la riacquisizione del controllo sulla propria vita e la costruzione di una forte autostima. Un passo cruciale verso l'empowerment è l'educazione. Comprendere le dinamiche della manipolazione psicologica, riconoscere le tecniche utilizzate dai manipolatori e imparare a identificare i segnali di allarme sono fondamentali per prevenire future situazioni di abuso. Educarsi su questi temi permette alle persone di essere più consapevoli e di agire in modo più informato e sicuro nelle relazioni interpersonali e nelle interazioni quotidiane.

La consapevolezza delle proprie risorse interne ed esterne è un altro elemento chiave dell'empowerment. Le persone devono riconoscere e valorizzare le proprie competenze, i propri talenti e le proprie capacità di affrontare le sfide. Questo può includere la riscoperta di hobby e passioni che erano stati trascurati durante le esperienze di manipolazione, o lo sviluppo di nuove abilità che migliorano l'autoefficacia. Rafforzare la fiducia nelle proprie capacità aiuta a costruire una solida base di autostima e indipendenza.

Un aspetto cruciale dell'empowerment è l'autonomia decisionale. Imparare a prendere decisioni basate sui propri valori e bisogni, piuttosto che su quelli imposti dai manipolatori, è essenziale per ripristinare il controllo sulla propria vita. Questo può includere la pratica della comunicazione assertiva, che permette di esprimere chiaramente i propri desideri e limiti senza paura di ripercussioni. L'autonomia decisionale rafforza la capacità di resistere alla manipolazione e di costruire relazioni basate sul rispetto reciproco.

La resilienza, d'altra parte, riguarda la capacità di affrontare e superare le avversità. È un processo dinamico che implica adattamento, crescita e sviluppo personale nonostante le difficoltà. Una componente fondamentale della resilienza è la flessibilità mentale. Le persone resilienti sono in grado di adattarsi ai cambiamenti, trovare nuove prospettive e soluzioni creative ai problemi. Questo implica anche la capacità di vedere le difficoltà come opportunità di crescita, piuttosto che come ostacoli insormontabili.

Il supporto sociale gioca un ruolo cruciale nella costruzione della resilienza. Avere una rete di sostegno di amici, familiari o gruppi di supporto offre un senso di appartenenza e sicurezza. Il sostegno emotivo e pratico fornito da queste reti aiuta a ridurre lo stress e a migliorare la capacità di affrontare le sfide. Partecipare a comunità che condividono esperienze simili può anche fornire modelli positivi e strategie di coping efficaci, rafforzando ulteriormente la resilienza.

La pratica della mindfulness è un'altra strategia efficace per promuovere la resilienza. La mindfulness aiuta a mantenere l'attenzione sul presente, riducendo l'impatto negativo dei pensieri e delle emozioni legate al passato o alle preoccupazioni future. Questa pratica favorisce una maggiore consapevolezza delle proprie reazioni emotive e una migliore gestione dello stress. La mindfulness può anche migliorare la capacità di rispondere in modo più equilibrato e ponderato alle sfide, piuttosto che reagire impulsivamente.

La costruzione di una narrativa positiva di sé è essenziale per l'empowerment e la resilienza. Le persone che riescono a integrare le loro esperienze traumatiche in una storia di crescita e superamento sviluppano una maggiore forza interiore. Questo processo può essere facilitato attraverso la scrittura terapeutica, dove le persone riflettono sui loro percorsi di vita, identificano i momenti di forza e di successo, e costruiscono una narrativa che enfatizza la loro capacità di superare le difficoltà.

In sintesi, l'empowerment individuale e la resilienza sono risposte potenti alla psicologia nera. Attraverso l'educazione, la valorizzazione delle proprie risorse, l'autonomia decisionale, la flessibilità mentale, il supporto sociale, la mindfulness e la costruzione di una narrativa positiva di sé, le persone possono recuperare il controllo sulla propria vita e sviluppare una maggiore capacità di affrontare e superare le avversità. Questi processi non solo aiutano a guarire dalle esperienze traumatiche, ma rafforzano anche la capacità di resistere a future manipolazioni, promuovendo un benessere duraturo e una vita più autonoma e sicura.

Se pensi che questo libro ti sia piaciuto e ti abbia aiutato ti chiedo di dedicare pochi secondi a lasciare una breve recensione su Amazon!

Grazie,

Riccardo De Luca